Tirso de Molina

La Santa Juana I

Barcelona **2024**
Linkgua-ediciones.com

Créditos

Título original: La santa Juana.

© 2024, Red ediciones S.L.

e-mail: info@linkgua.com

Diseño de cubierta: Michel Mallard.

ISBN tapa dura: 978-84-9953-797-9.
ISBN rústica: 978-84-9816-519-7.
ISBN ebook: 978-84-9897-081-4.

Sumario

Brevísima presentación

La vida

Tirso de Molina (Madrid, 1583-Almazán, Soria, 1648). España. Se dice que era hijo bastardo del duque de Osuna, pero otros lo niegan. Se sabe poco de su vida hasta su ingreso como novicio en la Orden mercedaria, en 1600, y su profesión al año siguiente en Guadalajara. Parece que había escrito comedias y por entonces viajó por Galicia y Portugal. En 1614 sufrió su primer destierro de la corte por sus sátiras contra la nobleza. Dos años más tarde fue enviado a la Hispaniola (actual República Dominicana) y regresó en 1618. Su vocación artística y su actitud contraria a los cenáculos culteranos no facilitó sus relaciones con las autoridades. En 1625, el Concejo de Castilla lo amonestó por escribir comedias y le prohibió volver a hacerlo bajo amenaza de excomunión. Desde entonces solo escribió tres nuevas piezas y consagró el resto de su vida a las tareas de la orden.

La trilogía de La Santa Juana pertenece al teatro hagiográfico de Tirso de Molina. Aquí se relatan diferentes episodios de la vida de Santa Juana, desde su conflicto inicial con la vida profana y la religiosa hasta su visión casi epifánica de los sucesos terrenales. La obra tiene además un trasfondo mundano en el que destacan personajes como el emperador Carlos V.

Personajes

Carlos V, rey
Cecilia, criada
Crespo
Decio
Don Alonso de Fonseca, arzobispo de Toledo
Don Juan
Doña Leonor
El Ángel de la guarda
El gran Capitán
Elvira
Fabio
Francisco Loarte
Gil
Juan Mateo, viejo
Julio
La Abadesa
La Santa Juana
Juan Vázquez, su padre
Lillo, lacayo
Ludovico
Llorente
Maestra de novicias
Marco Antonio
Melchor
Músicos
Ocho labradores
San Francisco
Santo Domingo
Sor María Evangelista
Toribio
Un Criado
Una Niña

Jornada primera

(Salen Elvira y Gil de las manos, la Santa al lado de Elvira, como su madrina; Juan Vázquez, su padre, padrino; Crespo, Toribio y Llorente, los músicos, cantando todos, de pastores, con mucha grita.)

Músicos	«Novios son Elvira y Gil, él es mayo y ella abril; para en uno son los dos, ella es Luna y él es Sol.»
Toribio	«Elvira es tan bella.»
Todos	«Como un serafín.»
Toribio	«Labios de amapola.»
Todos	«Pechos de jazmín.»
Toribio	«Carrillos de rosa.»
Todos	«Hebras de alelís.»
Toribio	«Dientes de piñones.»
Todos	«Y aliento de anís.»
Toribio	«Gil es más dispuesto...»
Todos	«...que álamo gentil.»
Toribio	«Tieso como un ajo.»
Todos	«Fuerte como un Cid.»

Toribio	«Ella es hierbabuena.»
Todos	«Y él es perejil.»
Toribio	«Ella la altemisa.»
Todos	«Y él el toronjil. Novios son Elvira y Gil, él es mayo y ella abril; para en uno, son los dos, ella es Luna y él es Sol.»
Llorente	¡Par Dios que habéis cantado bravamente!
Toribio	¿Ha estado bueno?
Llorente	¡No lo entonara Galeno tan bien!
Gil	Habéisnos honrado.
Juan	Aquí los novios se asienten mientras se pasa la siesta.
Gil	Apacible sombra es ésta.
Crespo	A docenas, Gil, se cuenten los hijos que os diere Dios, y para cada cual de ellos más ducados que cabellos tengáis. Gocéisos los dos más que Sara y Abrahán,

y calme Dios con ventajas
de vino vuestras tenajas
y vuestras trojes de pan.
    Y por decir cuanto puedo,
por junto, hágaos el Señor
el más rico labrador
de la Sagra de Toledo.
    Todo el mundo os quiera bien,
honrándoos por varios modos;
y pues he habrado por todos,
respondan todos, Amén.

Todos   Amén.

Gil   Todo ese bien y ventura
que nos habéis deseado,
os vuelva el cielo doblado
con la bendición del cura;
    que ya mi Elvira imagina
que, con favores sin tasa,
Dios bendice nuesa casa
por virtud de la madrina.
    Pues si en tales regocijos,
porque más dicha nos cuadre,
la madrina es casi madre
y los novios son los hijos,
    el bien que el cielo la ofrece
es bien que a los novios caya,
porque nos digan: «Bien haya
quien a los suyos parece».
    Juana es la vertú de España
tan buena como el buen pan.
Juan Vázquez, su padre, es Juan,
que basta, y aquí en Hazaña,

11

nueso puebro, es tan amado
del poderoso y del chico,
que con ser hombre tan rico
de ninguno es envidiado.
    Quien los conoce, los llama
de toda esta Sagra espejos;
él es dechado de viejos
y ella de doncellas fama.
    Y así padrinos los nombra
por participar su estima;
que al que buen árbol se arrima
le cobija buena sombra.

Juan   Basta, Gil, no digáis más;
págueos la alabanza Dios,
que es propio al bueno, cual vos,
decir bien de los demás.
    Yo y mi Juana, a vos y a Elvira
os quedamos obligados,
que sois ya nuesos ahijados;
y, pues mi afición os mira
    cual hijos, ved lo que os cuadre
en mi casa, que desde hoy
hijos sois y padre soy.

Los dos   ¡Viváis mil años, compadre!

Juan   Hablad, Juana, a vuestra ahijada.

Santa   Vos, padre, habláis por los dos.
Hágaos sierva suya Dios,
Elvira, y muy bien casada.

Llorente   Propia bendición de santa;

12

	breve, en fin, y compendiosa.
Toribio	Siesta hace rigurosa,
	vuestro sosiego me espanta.
	Hagamos algo.
Gil	Mi bien,
	no sale el Sol tan bizarro
	cuando en su lucido carro
	alumbra el mundo.
Crespo	¡Qué bien!
	Reírme del dicho quiero.
	Muy bien sabéis requebrar,
	mas quiérote preguntar,
	Gil, si el Sol es carretero.
	Que si en carro le rotulas,
	cuando muestra su arrebol,
	podrá ser que quiera el Sol
	comprarme mi par de mulas.
Gil	Crespo, déjanos aquí.
Crespo	¡Quién oyera al Sol ligero
	decir siendo carretero,
	iarre, mula, pesia á mí;
	y de Madrid a Toledo,
	cuando llueve o hace barro,
	junto a Cabañas el carro
	atascado, tieso y quedo,
	echar votos!
Toribio	Majadero,
	¿el Sol había de votar?

13

Crespo	Sí, par Dios, y aun renegar,
	si es que el Sol es carretero.
	¡La necedad en que ha dado
	nuestro lenguaje español!
	No hay estrellas, Luna o Sol,
	plata, oro o cristal helado,
	que luego no dé con ello
	en la cara de su dama.
	El hombre que quiere y ama,
	la hace de oro el cabello,
	porque tiene algunos rojos;
	perlas los dientes; cristal
	la frente; el labio coral,
	y soles después los ojos.
	¡Válgate el diablo! Repara,
	amante, que una mujer
	es imposible traer
	tanto en un palmo de cara.
Llorente	Calla, necio, antes trae más.
Crespo	¿Más?
Toribio	Sí.
Llorente	Pues ¿no es cosa llana?
	Mira tú una cortesana
	con atención y verás
	en la más honesta y casta
	sueltas todas esas dudas.
	Cara hay que ha gastado en mudas
	de huevos una banasta,
	cien cantarillas de miel,

veinte cofines de pasas;
pues ¿qué si al solimán pasas,
turco del rostro cruel,
   que la destruye y jalbega?
No gasta en un año entero
tanta cal un pastelero
cuando la Pascua se llega,
   como una cara pringada,
pues la de más bizarría
no es más que pastelería
por la Pascua jalbegada.
   La color, pues, que codicia
encubrir la opilación,
no gasta más bermellón
una casa a la malicia.
   Pues el sebo que hace hermosas
las manos, ya es tanto y tal,
que sin ser de Portugal
las pueden llamar sebosas.
   Eso es lo que yo más llevo
de su engañoso arrebol;
¿por qué ha de ser Luna y Sol
lo que es solimán y sebo?
   ¿No fuera menos trabajo,
sin andar de Ceca en Meca,
llamar la cara manteca
y a los dientes, dientes de ajo,
   que son blancos y son dientes;
a los cabellos esparto,
que es rubio a veces y hay harto,
y no rayos transparentes,
   el Sol y la Luna clara
con que amantes y poetas
dicen que andan los planetas

saltando de cara en cara?

Llorente   Al menos las de la Sagra
no se afeitan.

Toribio   ¿No? Verá.
Todas son de corte ya,
cualquier per signum se almagra.

Gil   Dejemos eso y tratemos
algo que nos entretenga.

Elvira   Bien dices. Un juego, venga.

Llorente   Di,¿queréis jugar? Juguemos
a los propósitos.

Elvira   Son
melancólicos.

Toribio   No hay juego
de más gusto y más sosiego
que buena conversación.
Proponed alguna enigma,
y la novia dé un favor
al que la acierte mejor.

Juan   Si mi parecer se estima,
cada cual, por varios modos,
pinte aquí las propiedades,
efetos y calidades
del amor; y el que entre todos
mejor al rapaz pintare,
Elvira le dé un listón.

Gil	Nuesamo tiene razón.
Llorente	Cada cual piense y repare.
Santa	Padre: dejémonos de eso que es ocioso disparate.
Juan	¿De qué quieres que se trate?

Santa	De algún ejemplo o suceso
	  en que dos buenos casados
	y santos nos entretengan,
	y de ellos a aprender
	vengan su virtud los desposados.
	  Éste es lindo pasatiempo.
	Cuentos sé yo, no sé cuántos,
	de algunos casados santos.

Juan	Quien da lo que es suyo al tiempo
	  es discreto, y el que ves
	es más de entretenimientos,
	hija, que de tales cuentos;
	guárdalos para después.
	  Que si al tiempo te acomodas,
	has de hablar, según mi ejemplo,
	en el templo, como en templo,
	y en las bodas como en bodas.
	  En boda estás; esta vez
	goza su conversación.

Santa	Obedecerte es razón.
Juan	Vaya, que yo seré el juez.

Crespo	Yo os sacaré a la vergüenza, Amor, si os llego a pintar. Llorente, tú has de empezar.
Llorente	¿Yo?
Gil	Tú.
Llorente	Comienza.
Toribio	Comienza.
Llorente	Paréceme a mí que Amor será un pequeñuelo infante de alegre y bello semblante, trapacista, enredador, desnudo por el calor de su irreparable fuego, con dos alas, medio ciego y amigo de hallarse en todo, con el indio, con el godo, con el español y el griego. Serán sus propios efetos sujetar con dulces daños floridos y verdes años y engañar libres sujetos; volver los necios discretos y Demóstenes los mudos, romper de Gordio los ñudos y oprimir con leyes graves, desde las vestidas aves hasta los peces desnudos. Son los efectos de amor

mezclar penas con consuelos,
satisfaciones con celos
y esperanzas con temor;
el favor y el disfavor,
lo amargo con lo sabroso,
lo cierto con lo dudoso,
como yo he experimentado,
pues que vivo enamorado,
triste, confuso y celoso.
    Ya yo he dicho, Elvira hermosa.

Elvira   Y harto bien.

Llorente   Ese favor
quiero agradecerle a Amor.

Juan   Diga Toribio.

Toribio   ¿Yo en prosa?
Harto mejor os prometo
que en poesía lo dijera.

Elvira   Vaya en verso.

Crespo   ¡Copla fuera!

Toribio   Tomad allá este soneto:

    Amor, deidad que lo imposible alcanza,
es propensión violenta en quien se inclina,
celeste influjo, en cuanto predomina,
pues si éste cesa, entibia la mudanza;
    Amor es relación de semejanza
que al objeto su móvil se encamina;

sangre nos dice que es la medicina
y un mixto del temor y la esperanza.
    La dama en interés funda su empleo;
el torpe afirma ser solo apetito,
pero unidad el lícito deseo.
    El del alma es virtud, pero delito
el material, mudable, torpe y feo,
que Amor es dios, y aspira a lo infinito.

Crespo   Como en Alcalá estodiabas
                tienes pergeño sotil.

Juan   Ea, diga agora Gil.

Gil   Digo, pues.

Llorente   ¿Y en qué?

Gil   En octavas.

    Amor, conforme yo le he imaginado,
será como quien es, hijo de herrero,
un muchacho mal hecho, corcovado,
asido de los fuelles, negro y fiero;
su madre enredadora le habrá dado
algunas licioncillas de hechicero,
con que las brasas sopla y fuego atiza
del descuidado amante a quien hechiza.
    Su propiedad y efeto no consiste
sino en quitar el seso y sufrimiento
al pobre amante en cuya esfera asiste,
obligando a locuras su tormento;
y así ya está el amante alegre y triste,
celoso, confïado, descontento;

ya teme, ya es valiente, ya travieso.
¡Mal haya, amén, amor que quita el seso!

Llorente   ¿Cómo, Gil, recién casado.
y amor tan aborrecido?
O tu estás arrepentido
o sin duda que has hablado
  por boca de ganso.

Crespo   ¿Hay tal?

Gil   Por mi honra volver quiero;
yo, el amor que vitupero
no es el amor conyugal,
  que aquése es tan atinado
que idolatro en sus favores.

Llorente   Pues ¿cuál?

Gil   Hay dos amores,
soltero uno, otro casado.
  El soltero es el dimonio
y sus faltas saco a luz.

Crespo   ¿Y esotro?

Gil   No, porque es cruz.

Crespo   Si cruz es el matrimonio,
  yo he de decir maravillas,
porque he de entrar en más hondo.

Gil   ¿Y en qué?

Crespo	Mi ingenio es redondo,
	y así diré en redondillas:
	Considero yo al Amor
	que será por su desastre,
	como un aprendiz de sastre
	o mozo de tundidor.
	De una personilla chica
	que con interés se encarna,
	todo cubierto de sarna,
	que por eso come y pica.
	La vista llorosa y ciega,
	una nube en cada niña
	y la cabeza con tiña,
	que amor cual tiña se pega.
	Trampista que compra y vende
	y engaña a quien por él pasa,
	ladrón ratero de casa
	que se esconde como duende.
	O será, un animalejo
	al modo de un arador,
	pues cual él se mete Amor
	entre la carne y el hueso.
	Mona que todo lo imita,
	y, en fin, a mi parecer,
	pues está en hombre y mujer,
	Amor es hermafrodita.
Llorente	Gil: tápale aquesa boca.
Elvira	Esto escucha quien consiente
	hablar un necio entre gente.
Crespo	Yo soy necio y vos sois loca.

(Gritan dentro Lillo, lacayo, Francisco Loarte, su amo, y don Juan.)

Lillo	¡To, to, capitán! ¡marquesa!
Francisco	¡Cita, zagala, zagala!
Lillo	Al viento la liebre iguala.
Francisco	Dificultosa es la presa.
Lillo	Traspúsose por el cerro.
Francisco	Perdióse.
Lillo	¡Buena demanda!

(Salen Lillo, Francisco Loarte, y Don Juan.)

Lillo
¡Oh lleve el diablo quien anda
hecho loco tras un perro!
¡Que ha de andar un hombre
a caza para cansarme y cansarse
por lo que puede comprarse
por dos reales en la plaza!
¡Qué de esto gusto reciba
y no le aten a un pesebre!

Francisco
No hay galgo que alcance liebre
cogiendo una cuesta arriba.

Don Juan
Si el camino le atajamos
no se nos escapa.

Francisco
No.

Lillo	Galgos, los mozos llamó
	un discreto, de sus amos,
	y dijo verdad expresa,
	pues el que sirve a un hidalgo,
	no comiendo como galgo
	más que huesos de su mesa,
	con él alcanza la liebre
	de la otra, que a mensajes
	de los galgos o sus pajes,
	la fuerza a que rompa o quiebre
	su cazador o galán
	con su inclinación honesta,
	y aunque corra por la cuesta
	del soy y del quedirán.
	La diligencia del galgo
	o el criado —lo propio es—
	la trae rendida a sus pies.
	Pues ¿decir que le dan algo
	después que todo esto pasa?
	Si ladra por su salario
	una coz es lo ordinario
	con que le arrojan de casa.

(Levántanse todos.)

Juan	Señor Loarte: ¿por aquí
	con tan gran calor?

Francisco	¡Oh, amigo!
	Mi inclinación, cual veis, sigo.
	¿Qué es esto? ¿Qué hacéis así?

Juan	Cásase Gil, mi crïado,

24

con Elvira de Añover,
y sálense a entretener
el calor, cual veis, al prado.

Francisco   Por muchos años y buenos.

Gil   Siéntese aquí su mercé.

Francisco   ¿Sois vos el novio? Sí haré;
ninguno dirá a lo menos
   que vuestra esposa no es bella.

Gil   Como quiera que seamos,
señor Loarte, aquí estamos,
para servirle, yo y ella.

Don Juan   La madrina es tan hermosa
que más parece divina
que humana.

Francisco   ¡Ay Dios! ¡Qué madrina
tan bella!

Crespo   Sí, no es mocosa.

Don Juan   Esta doncella, ¿quién es?

Juan   Mi hija Juana, señor.

Francisco   Venturoso labrador
que tan precioso interés
   tiene en casa, y quien emplea
en ella hacienda y ventura.
No he visto tal hermosura.

Juan	Así, así, como de aldea.
	Al menos mi senectud
	se llama en verla dichosa.
Francisco	Notablemente es hermosa.
Juan	Más notable es su virtud.
Francisco	Don Juan, decid: ¿qué os parece?
Don Juan	Hermosa.
Francisco	¡Ay, deseos extraños!
	¿Qué edad tiene?
Juan	Trece años.

(Hablan aparte Francisco y Don Juan.)

Francisco	(Si mi amor se está en sus trece
	no sé, don Juan, qué he de hacer;
	perdido estoy.)
Don Juan	(¿Cómo es eso?)
Francisco	(No sé; sé que pierdo el seso.)
Lillo	Los galgos voy a traer,
	no se pierdan.
Don Juan	Desenfrena
	después, Lilio, los caballos
	y a pacer puedes echallos

26

en el prado.

Lillo   O en la arena.

(Vase Lillo.)

Juan   ¿A qué bueno desde Illescas
a Hazaña, señor, salís?
Porque si a cazar venís
estas mañanas, que frescas
   me han convidado a que vea
media legua de aquí un haza,
he hallado famosa caza
para quien correr desea.
   En las viñas del concejo
deben de tener sus camas
dos liebres como unas gamas,
que a cogerme menos viejo
   ya las hubiera colgado
de la pretina.

Francisco (Aparte.)   (¡Ay de mí,
que vine a cazar aquí
y pienso que estoy cazado!)
   Si donde decís están,
mañana en amaneciendo,
ir a correrlas pretendo;
porque esta noche don Juan
   y yo tenemos de ser
vuestros huéspedes.

Juan   Mi casa
quedará honrada.

Don Juan	¿No pasa el regocijo y placer adelante?
Francisco	¡Por mi vida, que se baile un poco!
Toribio	Oíd, lo que nos manda, advertid.
Crespo	Bailemos, pues nos convida este viento lisonjero, y ya la tarde declina.
Francisco	Al lado de la madrina, si gustáis, sentarme quiero, que después acá que sé, ser hija vuestra, la estimo.

(Siéntanse todos.)

Crespo (Aparte.)	(No ha escogido mal arrimo.)
Juan	Y hacéisla mucha merced.
Francisco	Perdonad, madrina hermosa, que sin licencia he tomado el más agradable lado que halló mi suerte dichosa. Que á fe, aunque la novia es bella, que es la madrina mejor.
Santa	Como sois noble, señor, honráisnos a mí y a ella.

Juan	Gil, a la novia sacad.
Francisco (Aparte.)	(Tu fuego, Amor, se reprima, que aunque su beldad me anima me enfrena su honestidad.)

(Cantan y bailan tres o cuatro.)

Músicos   «A la boda y velación
que hace Elvira de Añover
con Gil, de quien es mujer,
cantó el pueblo esta canción:
  "La zagala y el garzón
para en uno son."
  Y después de haber cantado,
viendo a la madrina al lado,
que es para alabar a Dios,
bailaron de dos en dos
los zagales de la villa,
que si linda era la madrina
por mi fe que la novia es linda.
Y por el viento sutil
los pájaros a quien llama
el canto de mil en mil
saltando y volando de rama en rama
pican las flores de la retama
y las hojas del torongil.
Prendó amor a Gil Pascual,
que es alguacil del que mira,
de la hermosura de Elvira,
y a ella de él otro que tal,
y al desposarse el zagal
levantan esta canción:

"La zagala y el garzón
para en uno son."»

Francisco   Por extremó lo habéis hecho.

Juan   Volvámonos al lugar,
                   que es hora ya de cenar.

Francisco (Aparte.)   (Veneno llevo en el pecho.)

Juan   No seréis tan regalados
                   ni dormiréis tan a gusto
                   esta noche como es justo
                   a huéspedes tan honrados;
                      pero a este riesgo se pone
                   el que se aposenta en casa
                   estrecha, pobre y escasa.
                   La cortedad se perdone
                      y recíbase el deseo.

Don Juan   Todo sobra donde vos
                   estáis, Juan Vázquez.

Francisco (Aparte.)   (¡Ay, Dios!
                   ¿Qué hechizo es éste que veo?)

(Vanse todos. Salen Marco Antonio y Ludovico de camino.)

Marco Antonio   Perdí recién casado
                   mi patrimonio y mi florida hacienda;
                   y el crédito quebrado,
                   que tuvo en pie mis gustos y mi tienda,
                   me enseñó, Ludovico,
                   cuán presto es pobre el mercader más rico.

Dejé mi amada esposa
en confïanza de su fe y mi miedo,
y el alma temerosa
de Toledo salió, y quedó en Toledo;
que cuando Amor no calma,
suele animar dos cuerpos sola un alma.
　　Rompí la blanca espuma
del proceloso y húmedo elemento
y al Perú llegué, en suma,
después que vi la muerte entre agua y viento,
y me dio el mar noticia
del peligro a que pone la codicia.
　　Hallé parientes ricos
con cuya ayuda reparé los daños
que ya juzgo por chicos,
y en el discurso breve de dos años,
con hacienda sin tasa,
vengo a gozar mi esposa, patria y casa.
　　Éstas son sus paredes,
depósito que guarda su hermosura;
besar sus piedras puedes
como reliquias, si la noche oscura
te estorba que divises
la casa de Penélope y Ulises.
　　Aquí, hecha España Grecia,
me labra mi Artemisia un Mauseolo;
aquí vive Lucrecia,
en lealtad y belleza Fénix solo.
Llama, que ésta es la puerta
cerrada al vicio, a la virtud abierta.

Ludovico　　　　Con gusto te he escuchado
las amorosas salvas que alegre haces
a tu esposa, y notado

31

que como tras la guerra, quietas paces,
tras la ausencia prolija,
presente Amor sus gustos regocija
................[-ero]
de mi señora.

Marco Antonio   Ludovico, llama.

(Desde arriba Melchor y Julio.)

Julio   Libréme por ligero.

Melchor   Vendióme algún soplón.

Julio   Sopló la dama.
                         No está esta pared alta.

Melchor   Mamóla el alguacil.

Julio   ¿Qué esperas? Salta.

(Saltan al tablado.)

Melchor   Ya estamos en la calle.
                         Por Dios, que es bella moza y que el marido
                         dejó a riesgo un buen talle.

Julio   Dichosos esta noche habemos sido.
                         ¿Adónde bueno agora?

Melchor   A dormir, que es la una.

Julio   Sí, ya es hora.

(Vanse.)

Ludovico	Dos hombres han saltado, pienso que de tu casa, y ya se han ido. Suspenso te has quedado.
Marco Antonio	«Por Dios, que es bella moza y que el marido dejó a riesgo un buen talle.» ¡Honor! ¿Así os arrojan en la calle? Mira, mira si duermo.
Ludovico	Despierto estás.

Marco Antonio	Luego ¿mi daño es cierto?
	¿Si acaso como enfermo
	que frenético ve sombras despierto,
	no he visto mis enojos?
	Pero mi casa es ésta, estos mis ojos.
	   No ha sido Leonor casta,
	no, que escaló mi fama un enemigo;
	tú eres testigo, y basta
	en cosas del honor solo un testigo.
	¡Malhaya quien confía
	de la mujer la honra un solo día!
	   ¿Quieres que entre y acabe
	pasando su lascivo y flaco pecho?

Ludovico	Un delito tan grave si queda con vengarse satisfecho, ¿quieres que vuelva en brasa las adúlteras piedras de esta casa? ¡Cielos, castigo tanto! ¿Lloras, señor?

Marco Antonio	Murió, Claudio, mi fama.
	Si en muerte es justo el llanto,
	bien puedo yo llorar, aunque en quien ama
	y ver lo que a ver llego,
	no son agua las lágrimas, son fuego.
	Cruel, ¿así has pagado
	mi firmeza, violando los altares
	del tálamo manchado?
	Oro en los montes, perlas en los mares
	busqué; cuya riqueza
	pudiese competir con tu belleza.
	Dejéte a la partida
	sembrada en tu lealtad mi confianza
	amor, lágrimas, vida,
	y en vez de dulce fruto hallo mudanza,
	deshonras, desconsuelos;
	pero quien siembra amor, que coja celos.
	Pena, matarme quiero...
Ludovico	Sosiégate, señor; ¿tú eres el sabio?
	Infórmate primero
	si es cierta la sospecha de tu agravio,
	que despeña la ira
	si la prudencia su favor retira.
Marco Antonio	Informaréme luego
	del adulterio infame que me afrenta,
	si de mi agravio el fuego
	primero que lo sepa no ensangrienta
	la ya violada cama
	que ausente el dueño ajenos brazos llama.
	En Toledo escondido,
	cuando del Sol se ausente el claro coche,
	sin saber que he venido,

rondaré estas paredes cada noche,
hasta que mi esperanza
los coja dentro y triunfe mi venganza.
   Presto el tálamo falso
será de una tragedia vil teatro,
o triste cadalso,
que, pues Córdoba tuvo un veinticuatro
valeroso, si puedo,
como a él me estimará desde hoy Toledo.

(Vanse. Salen Melchor y Fabio, de noche.)

Melchor   Fuese a la guerra el marido,
quedó sola la mujer,
dila, Fabio, en pretender,
y la que Porcia había sido,
   forzada de la pobreza,
porcelana quebrada es;
que al golpe de un interés
se quiebra cualquier belleza.
   Dos meses de pretensión
me cuesta, y al cabo de ellos,
esta noche los cabellos
cogí a la calva Ocasión.
   Y al tiempo que la codicia
de mi amor templó la llama,
llega de repente y llama
a la puerta la justicia.
   Subimos a la azotea,
viónos un corchete vil,
avisólo a su alguacil,
y él, que prendernos desea,
   siguiónos; pero burlado
le dejamos, cuando vio

que saltamos Julio y yo
de la azotea a un tejado
  de la casa donde vive
doña Leonor, bella esposa,
de Marco Antonio y virtuosa,
que está en Indias, y recibe
  nombre de Lucrecia casta,
por quien ya comparar puedo
a Roma nuestra Toledo,
pues es honra suya.

Fabio   Basta.

Melchor   Estaba el tejado bajo
y fuénos fácil saltar
a la calle, sin mirar
si había gente. Al fin, trabajo
  nos costó, mas todo es poco,
que es un ángel la mujer.
¿Qué hora es?

Fabio   Deben de ser
las dos. Entra, que andas loco.

Melchor   Mi padre ¿no me habrá echado
menos?

Fabio   ¿Cómo te ha de echar,
si cuando se va a acostar
te deja siempre acostado?

Melchor   ¡Cómo estos engaños sabe
la traviesa mocedad!

(Sale Juan Mateo, con un candil.)

Mateo
Mi sospecha fue verdad;
él debe de tener llave
de casa, hechiza. Confieso
que intenta enfrenar
el mar el que pretende enfrenar
un hijo mozo y travieso.

Fabio
¡Buen lance habemos echado!
Tu padre es éste, señor.

Mateo
¿Que haces aquí, Melchor?
¿No te dejé yo acostado?
Levantaráste a estudiar,
ya que a tal hora te veo,
para cumplirme el deseo
que te da tanto pesar,
de que de la iglesia seas;
sin duda es lo que imagino,
que el vestido de camino
en este ejercicio empleas.
¿Tú de noche? Considero
que debes de pretender,
siendo hijo de mercader,
levantarte a caballero.
Que es propio de los señores
rondar de noche las damas,
aunque peligren sus famas.
Mi sangre es de labradores,
no de caballeros vengo.
Un labrador fue tu abuelo.
Mi madre, que esté en el cielo,
lo fue; un hermano tengo,

labrador es en Hazaña,
honrado y cristiano viejo.
No porque el arado dejo,
si esta presunción te engaña,
te despeñe así el deseo,
porque, para que te asombre,
no es Pimentel mi renombre,
ni Mendoza; Juan Mateo
es el apellido mío;
de este me precio, Melchor.
Juan Vázquez, un labrador,
es mi hermano y es tu tío.
No has de estar más en Toledo
un hora; el vestido vino
muy bien, que estás de camino.

Melchor	Señor, escucha

| Mateo | No puedo. |

A Alcalá te he de llevar
porque dejes la ocasión
que dicen hace al ladrón.
Allí puedes estudiar.
Hoy te has de ir, y antes que a Illescas
llegues, quiero que conozcas
casas pajizas y toscas,
porque no te ensoberbezcas,
que es el solar conocido
de tu linaje en Hazaña.

Melchor	Mira, señor, que te engaña

tu sospecha; este vestido
me probaba

Mateo	Ya colijo que me quieres engañar. Ven, que así ha de remediar el padre cuerdo al loco hijo.

(Vanse. Salen Juan Vázquez y Francisco Loarte.)

Francisco	No me habéis de decir de no, si es cierto que mi vida estimáis, pues no consiste sino en el sí de vuestra honrada boca. La causa de quedarme aquí esta noche en vuestra casa, fue para pediros que remediéis mis males. Vuestra hija, su honestidad hermosa, sus virtudes, la fama que en la Sagra la hace Fénix, me obliga a que me maten sus deseos. Ya sabéis, en Illescas, mi prosapia, la hacienda y el valor de los Loartes; yo sé que si me dais a vuestra Juana por esposa, que al oro de nobleza el esmalte a mi sangre no le falta, pues la virtud de Juana será esmalte.
Juan	Dudoso estoy; no sé lo que os responda. Por una parte los afectos miro con que os obliga amor, y sé su fuerza; por otro la notable diferencia de vuestro estado y mío; vos hidalgo premiado y estimado justamente del césar Carlos V, que Dios guarde; leal a su corona, como muestran el valor y la fe de vuestros hechos en las Comunidades de Castilla; piedra de toque donde el oro fino

mostraron de su fe los más leales,
y su dorada alquimia los traidores.
Sois Francisco Loarte, al fin, que basta
para decir que sois honra de Illescas.
Yo, aunque cristiano viejo, en sangre limpio,
soy labrador; mi casa y sus paredes,
en vez de los tapices que en las vuestras
adornan, se contentan con vestirse
de cedazos, arneros y de trillos,
y los doseles que mis techos cubren,
horcas de ajos, pimientos y cebollas.
No sé si llevarán bien mis parientes
que, pudiendo casar con uno de ellos
a mi Juana, la saque de sus quicios,
que ya sabéis que el labrador sin raza,
estima en más la tosca caperuza
que el sombrero con plumas y medallas.
Fuera de que mi Juana aún es muy niña
y no la siento ahora con deseos
de cautivar su libertad; dejadla
crecer, y tratarélo con mis deudos,
que entretanto podrá ser que se aplaquen
esos primeros ímpetus, y libre,
mirándolo mejor, queráis esposa
con que se pueda honrar vuestro linaje,
crïada en noble y cortesano traje.

Francisco   Juan Vázquez, aunque a Amor le pintan ciego,
con ojos me ha dejado el que me abrasa,
y aunque no sois hidalgo, poco menos
es un honrado labrador. Leído
he yo de mil señores que en las cepas
de sus noblezas, sin perder su lustre,
han enjerto sarmientos labradores.

40

¿Qué puedo yo perder, y qué no gano
si sois el más honrado de la Sagra,
rico y de sangre limpia? Yo sé cierto
que si el sí me negáis, cortará en cierne
la muerte el verde fruto de mi vida,
y os llamará La Sagra mi homicida.

Juan   Ahora bien, id con Dios, que yo os prometo
que no quede por mí, señor Francisco,
el daros ese gusto. Estos negocios
de casamientos, es razón primero
comunicarlos; yo tengo un hermano,
mercader en Toledo, advertiréle
lo bien que nos está; si me aconseja
que ennoblezca mi casa, vuestra esposa
será mi Juana.

Francisco   ¿Dentro de qué tiempo
tendréis resolución?

Juan   Yo iré a Toledo
de semana sin falta; que esta noche
voy, porque así mi Juana lo ha pedido,
al monasterio de la Cruz en vela,
porque su madre, viéndola muy mala,
ofreció de llevarla allá y murióse
sin cumplir la promesa, y Juana quiere
que se cumplan los votos de su madre
dados a Dios. Iremos como digo
esta noche, por ser cuando se juntan
de toda esta comarca mil devotos
y van allá a velar con varias fiestas,
y pediréle a Dios que, si nos cumple
aqueste casamiento, le encamine,

y si no que le aparte.

Francisco   Aquese tiempo,
aunque se me ha de hacer eternos siglos,
esperará el deseo entre balanzas
de tímidos recelos y esperanzas.

(Sale Lillo.)

Lillo   ¿Hémonos de ir, señor? Ya está ensillado
y a caballo don Juan.

Francisco   Vamos; el cielo
me cumpla este deseo por que pueda
llamaros padre.

Juan   Ya alegre colijo
que honrará nuestras casa tan noble hijo.

(Vanse Francisco y Lillo.)

Juan   Quiere hacer un tapiz la industria humana
en donde el arte a la materia exceda,
y con su adorno componer se pueda
la pared de la cuadra más profana.
        Matiza en el telar la mano ufana
y mezcla hilos con que hermoso queda;
pero entre el oro ilustre y noble seda
entreteje también la humilde lana.
        Lo propio hace el amor, que mezcla y teje
con la lana la seda, aunque más valga,
igualando al villano con el noble.
        Noble yerno me da, no es bien le deje,
que con mi lana y con su seda hidalga

saldrá el tapiz de Amor curioso al doble.

(Salen Juan Mateo y la Santa.)

Santa   Aquí un huésped despedía;
                 en extremo se holgará
                 de veros.

Mateo   Grande estáis ya,
                 hermosa sobrina mía.
                      Mucho crecéis.

Santa   Siempre crece
                 la mala hierba.

Mateo   Otra fama
                 de vos la Sagra derrama.
                 ¿Cuántos años tenéis?

Santa   Trece.

Mateo   Ya sois gran mujer.

Juan   Hermano,
                 ¿vos aquí? ¡Gran novedad!

Mateo   Aquesos brazos me dad.

Juan   Después que sois ciudadano
                 no nos queréis ver.

Mateo   Razón
                 tenéis de reprehenderme.
                 Llevóme a Toledo a hacerme

mercader mi inclinación;
  mas no por eso me olvido
del respeto y el amor
que, como hermano mayor,
os debo.

Juan   ¡A fe que habéis sido
            de cuidado! Yo y mi Juana
            formábamos quejas ya
            y, a no venir vos acá,
            pensaba yo esta semana
              iros a ver a Toledo;
            pero ya que habéis venido,
            yo apostaré que no ha sido
            solo a verme, si bien puedo
              decirlo.

Mateo   Tráeme el cuidado
            de veros, poner en orden,
            en los vicios y desorden
            de un hijo desbaratado.
              A Melchor llevo a Alcalá
            porque me pierde el respeto
            y anda, hermano, muy inquieto.

Juan   Pues ¿enmendaráse allá?

Mateo   Sí, que ausente de su tierra,
            y faltando la ocasión,
            pondrá su vida en razón.

Juan   Yo pienso, hermano, que yerra
              el que teniendo presente
            un hijo sin que se enmiende

viéndole su padre, entiende
que se ha de enmendar ausente.
   La presencia, hermano, honrada
de un padre viejo es indicio
que, si corre tras el vicio,
le tendrá la sofrenada
   de su respeto y temor;
mas ausentarle no es bueno,
porque eso es quitarle el freno
para que corra mejor.

Mateo   Hay en Toledo ocasiones
            notables.

Juan   ¿Y faltarán
            en Alcalá, donde están
            dando los vicios ficciones?
               Mal sabéis el privilegio;
            que de una universidad
            el vicio y la libertad
            también tiene su colegio.
               Hermano, no os lo aconsejo.

Mateo   Por vuestro gusto me rijo.

Juan   El tener al ojo su hijo
            es lo mejor, pues sois viejo;
               escoged mi sabio medio.

Mateo   Ése será más barato.

Juan   Sabed, hermano, que trato
            de dar a Juana remedio.
               Después sabréis lo que pasa,

	y lo que me esté mejor
	me aconsejaréis. Melchor,
	¿dónde está?

| Mateo | Aguardando en casa, |

| Juan | Pues venid, yo os daré luz |
| | de lo que os quiero decir. |

Santa	Tío ¿quiérese venir
	con nosotros a la Cruz,
	a una vela?

| Mateo | Sí, sobrina; |
| | que soy yo muy su devoto. |

| Santa | Vamos a cumplir un voto. |

| Juan | Es su inclinación divina. |

(Vanse. Salen cuatro labradores a la vela, cantando con grita y fiesta. Cantan.)

| Todos | «Que la Sagra de Toledo mil fiestas hace |
| | a la Virgen de la Cruz, que es Virgen madre.» |

Labrador I	«Que la Sagra de Toledo contenta envía
	vuestros hijos y devotos, Virgen María,
	y con fiestas y alegría van los lugares.»

| Todos | «A la Virgen de la Cruz, que es Virgen madre.» |

(Siéntanse.)

| Labrador I | Este sitio me contenta. |

Labrador II	A mí esta hierba me agrada.
Labrador III	¡Famosa noche!
Labrador IV	¡Extremada!
Labrador I	¿No veis cómo representa la noche morena y zarca su estrellada autoridad?
Labrador II	Fanfarrona majestad muestra cuando, abriendo el arca las estrellas saca afuera que adornan su aparador.
Labrador III	Hízola el divino Autor del cielo la repostera.

(Gritan dentro.)

Labrador IV	¡Brava grita a fe!
Labrador I	¡Oh, bien haya la Sagra!
Labrador IV	¿Éstos quien son?
Labrador II	¿Serán los de Torrejón? Vengan, darémosles vaya.

(Salen dos labradores más con grita y música.)

Todos	«Norabuena vengáis, abril;

si os fuéredes luego volveos por aquí.»

Labrador I	«Abril carialegre.»
Labrador II	«Muy galán venís.»
Labrador I	«El sayo de verde.»
Todos	«Muy galán venís.»
Labrador I	«La capa y sombrero.»
Todos	«Muy galán venís.»
Labrador I	«De flor de romero.»
Todos	«Muy galán venís.»
Labrador I	«Blancos los zapatos»
Todos	«Muy galán venís.»
Labrador I	«Morados los lazos.»
Todos	«Muy galán venís.»
Labrador I	«Pues que sois tan bello, risueño y gentil...»
Todos	«Nora buena vengáis, abril. Si os fuésedes luego, volvéos por aquí.»

(Siéntanse.)

Labrador I   Métete, Torrejón, con tus torrejas

	y mira que rebuznas cuando cantas.
Labrador V	Ugena: guarda la cigüeña y calla,
	que tienes bien por qué, no me provoques
	a que te diga lo del campanario.
Labrador I	Calla tú, Torrejón, aunque sin torres
	que diré lo del Drago.
Todos	¡Hú, que te corres!

(Salen otros dos labradores con tamboril, flauta y grita.)

Labrador VI	Casa Rubillos viene y su concejo.
Labrador V	Si el tamboril es suyo.
Labrador VI	No le toques
	que del pellejo de tu madre se hizo.
Labrador V	De tu mujer dirás, que es desollada.
Labrador IV	Daca el mercado donde todo un día
	vendiste solamente dos cebollas.
Labrador VI	Daca tú la cigüeña de tu torre,
	a quien saliste a recibir un día
	con danzas, procesión y monacillos,
	y enviaste al alcalde a convidarla
	con la casa del cura, pensando era
	alguna viuda honrada y forastera.
Labrador II	Mientes tú y el mercado que socorres.

Todos	¡Hú, que te corres! ¡Hú hú, que te corres!
Labrador VIII	¿No sabremos por qué razón se llaman señores Torrejones los del Drago?
Labrador III	Eso yo os lo diré. Vieron un día parado un coche orillas de un arroyo y juzgando por pies las cuatro ruedas, alas las puertas y la lanza cola, como jamás hubiesen visto coches y el encerado fuese todo verde, creyeron ser dragón que se comía las mulas que tiraban, y tocando aprisa la campana del concejo fueron con chuzos a matar el drago, y viéndole después que le llevaban las mulas, y sabiendo que era coche todos al fin cayeron de sus burras. ¿No es verdad esto, hermanos de las Torres?
Labrador VI	Todo es falso y mentira.
Todos	¡Hú, que te corres!

(Salen Juan Vázquez, Juan Mateo, Melchor y la Santa.)

Juan	No vi en mi vida más alegre noche.
Santa	Como es la fiesta de quien presta rayos al planeta mayor y hermosa Luna, que cuando el Sol se ausenta es su virreina, no es mucho que sea clara y apacible.
Melchor	Sentémonos aquí, que hay lugar harto.

50

(Siéntanse.)

Mateo Digo que el casamiento me parece
honroso para todos, y entretanto
que se conciertan, porque en una aldea
no está segura de un violento gusto
la honra frágil de una mujer moza,
y un poderoso puede aprovecharse
de la ocasión, la llevaré conmigo,
pues en mi casa vivirá segura
de esos peligros.

Juan Su virtud es tanta
que adondequiera lo estará; mas sea
lo que queráis, no viva en el aldea.

Labrador IV Los de Hazaña han venido; dad tras ellos,
que bien hay que decir.

Labrador III Eso no es justo.
que viene allí la hija de Juan Vázquez,
espejo de la Sagra de Toledo,
y es tan honesta y agradable a todos
que nos ha de obligar a callar.

Labrador I Bueno,
pues ¿cómo habemos de pasar la noche?

Labrador III Ella referirá cuentos sabrosos
que nos entretendrán; vamos a hablarla.

Labrador IV Mantenga Dios la buena gente.

Juan
                                    ¡Y cómo
que nos mantiene!

Labrador VI
                                    Acá venimos todos
a que nos cuente Juana una conseja,
y par Dios que gustara de mi voto
que mos dijera qué principio tuvo
la fiesta de la Cruz a que venimos,
y cada año celebra aquí la Sagra.

Santa
                        Que me place por cierto. Sentaos todos
alrededor de mí, que yo he sabido
lo que me preguntáis con certidumbre,
y os lo diré con gusto.

Juan
                                    ¡Oh! En siendo cosa
de santos y de iglesias, en su centro
estará su alegría.

Santa
                                Oíd, que ésta
es la historia y principio de esta fiesta.

        El vellocino de Aries
pintaba sus guedejas
con los pinceles de oro
que el Sol al mundo muestra,
cuando en la humilde villa
de Cubas, que aquí cerca
sus términos dichosos
alcanzan fama eterna,
nació una santa niña
de pobre y simple cepa;
que suele hacer hazañas
notables la pobreza.

52

Inés era su nombre,
su edad trece años era.
¡Notad todos qué moza
y en la virtud cuán vieja!
Un lunes venturoso
en la apacible hierba
con que los prados viste
la hermosa primavera,
Inés apacentaba junto
a una fuente fresca
los animales toscos
que llaman de la cerda.
Y mientras que pacían,
postrada por la tierra
apacentaba el alma
con el precioso néctar
de la oración sabrosa,
haciendo por las cuentas
devotas de un rosario
con Dios y su alma cuentas.
La Virgen sacrosanta,
enamorada de ella,
que siempre la humildad
fue su mayor presea,
cubierta del brocado
y soberana tela
con que la gloria, adorna
a los de su librea,
cegándola los ojos
la luz de su presencia,
porque aquí los mortales
a tales soles ciegan,
la preguntó: «¿Qué haces
aquí, carilla tierna?».

Y alegre, aunque turbada,
responde: «Hermosa hembra,
guardo estos animales».
«¿Por qué ayunas mis fiestas
en viernes?» la pregunta.
«Porque es bien que obedezca
mis padres que lo mandan»,
responde. «Eres muy cuerda;
mas desde agora gusto
que el día en que la fiesta
de mi Anunciación santa
cayese, el mismo sea
tu ayuno todo el año.»
«Mi voluntad lo aceta»,
la pastorcilla dijo.
Y la gloriosa reina
que nuestro bien procura,
prosigue: «Ve a tu aldea,
dirás a sus vecinos
que hagan penitencia,
porque mi Hijo, airado,
abrasará la tierra
antes de muchos días
con grande pestilencia;
y en fe de su justicia
caerán del cielo piedras
envueltas en la sangre
que verterán sus venas».
Desapareció entonces,
dejando con su ausencia
triste la hermosa niña,
y no poco suspensa.
Volviéndose a sus padres,
esta visión les cuenta,

mas tiénenlo por burla
y a la niña aconsejan
que no lo diga a nadie.
Cumpliólo y, dando vuelta
al prado al día siguiente,
volvió la Virgen mesma
como el pasado día
diciendo: «¿Por qué dejas
de hacer lo que te mando?».
«¡Temo que no me crean!»
responde la pastora.
«Pues yo te daré señas
con que de tus palabras
ninguno duda tenga»,
dijo la virgen pura;
y con su mano bella
la diestra de la niña
de tal manera aprieta,
que la hizo dar un grito,
con que pegados deja
los cinco dedos todos
la cruz, sobre ellos hecha.
Oblígala a que vaya
de aquel modo a la aldea
y al cura y sus vecinos
les diga la sentencia
que Dios contra ellos daba.
Desaparece, y queda
la humilde pastorcilla
gozosa, aunque suspensa.
Vuelve a la villa luego,
cuenta a gentes diversas
las maravillas grandes
que Dios hizo por ella.

Mostrábales la mano,
y aunque las fuerzas
prueban para desapegarla,
no basta humana fuerza
contra virtud divina.
Al fin van a la iglesia
devotos y descalzos,
y dentro de ella ordenan
salir en procesión
hasta la parte mesma
donde nuestra patrona
bajó la vez primera;
llevaban una cruz,
entre otras, de madera
por ser para aplacar
a Dios la mejor prenda,
y al tiempo que llegaban
a las cercanas eras
Inés oyó una voz
que dijo: «Aquí te acerca».
Mandó parar a todos,
la cruz toma, y con ella
la voz divina sigue
y del lugar se aleja.
Volvióse a aparecer
la madre de clemencia
en el lugar que antes,
y con la mano diestra
tomó la cruz preciosa
metiéndola ella mesma,
hincadas las rodillas
palmo y medio en la tierra.
«Aquí, carilla —dice—,
me labren una iglesia

que sea de mi nombre,
y tú irás luego en vela
a mi querida casa
de Guadalupe, y lleva
para sanar la mano
cuatro libras de cera.»
Dijo, y volvióse al cielo,
dejando en el arena
las plantas estampadas
que el pueblo adora y besa.
Sanaron los enfermos
con los granos que llevan,
fue Inés a Guadalupe,
volvió la mano buena;
labróse dentro un año
la soberana iglesia,
dejando la cruz santa
del modo que antes puesta.
Setenta y seis milagros
la virgen hizo en ella,
y entre ellos once muertos
cobraron vida nueva.
Hicieron una casa
ciertas devotas dueñas,
pegada con la ermita,
donde después se encierran,
y de Francisco santo
el instituto y regla
siguieron que su orden
quiso llamar Tercera.
Aquí la pastorcilla
vino a ser abadesa,
que la virtud preciosa
al que es humilde premia;

pero cómo es tan grande
nuestra humana flaqueza,
perdióse la virtud,
cayó Inés la primera,
apostataron todas
y el monasterio dejan;
que el más perfecto es flaco,
y a Cristo Pedro niega.
Mas como siempre el justo
levanta si tropieza,
que Dios la mano ofrece
al flaco que da en tierra,
Inés, arrepentida,
dio tan notable vuelta,
que admiran los rigores
de su gran penitencia.
Murió tan santamente,
que las campanas mesmas,
tañéndose, señalan,
que Inés con Cristo reina.
Desde entonces, los pueblos
de esta comarca y tierra
las nueve apariciones
a Inés en Cubas hechas
por la amorosa Virgen,
celebran y festejan
con ofrendas devotas
y piadosas novenas.
Éste es todo el suceso
y historia verdadera
que me solía contar
mi madre, que Dios tenga.

Mateo   ¿Vio el mundo mayor gracia?

	Bendita sea tu lengua;
	la leche que mamaste
	también bendita sea.

| Juan | A la misa del alba |
| | nos llaman de la iglesia. |

| Labrador I | Pues vamos a la misa |
| | cantando todos. |

| Labrador II | ¡Ea! |

(Vanse cantando como al principio.)

| Todos | «Que la Sagra de Toledo mil fiestas hace |
| | a la Virgen de la Cruz, que es Virgen madre.» |

Labrador I	«Que la Sagra de Toledo contenta envía
	vuestros hijos y devotos, Virgen María,
	y con fiestas y alegría van los lugares.»

| Todos | «A la Virgen de la Cruz, que es Virgen madre.» |

Fin de la primera jornada

Jornada segunda

(Salen Juan Vázquez, Juan Mateo y la Santa, llorando.)

Juan   De tu humildad y obediencia
jamás, hija, imaginara
mi gusto tal resistencia,
a no mirar en tu cara
de este engaño la experiencia.
    Siempre, aunque en vano, creí
que, como en la cera, en ti
mi voluntad se imprimiera,
y que tu sí o tu «no» fuera
solamente mi «no» o «sí».
    Mas mi desengaño llega
a ver hoy cuán poco puede
un padre que a su hija ruega,
lo que callando concede
y con ese llanto niega.
    ¿Tú llorar, cuando ese susto
convertirle en gozo es justo
porque el mío consideras?
¿Tú la hierba del Sol eras
siempre siguiendo mi gusto?
    No te espantes si me espanto
en ver esta novedad,
cuando te entristece tanto
opuesta a mi voluntad
con el «no» de un mudo llanto
    que es justo mi sentimiento.

Mateo   Sobrina, este casamiento
que os procuramos, los dos
es de la mano de Dios,

y como mi hermano siento
   las muestras de ese pesar.
Francisco Loarte es hombre
con quien nos podéis honrar;
mozo, rico, gentilhombre,
y de su casa y solar
   ha ennoblecido el valor
el césar nuestro señor;
y pues con su sangre hidalga
quiere Dios que luzga y valga
vuestro estado labrador,
   no me parecen discretos
esos extremos.

Juan   Verás
si te casas mil efetos
de gusto, y más si me das
hidalgos y nobles nietos.
   Yo he dado ya la palabra
a quien en el alma labra
casa en que la tuya viva;
ella también le reciba
y alegre sus puertas abra,
   que si más lágrimas gasta
el sentimiento presente
y mis intentos contrasta,
llamaréte inobediente;
yo lo quiero y esto basta.
   Alza el rostro.

Santa   ¿Cómo puedo
si la carga con que quedo
de la palabra que has dado,
sobre los hombros me ha echado

los peñascos de Toledo?
Darme, padre, la sentencia
de mi muerte, y tus enojos
tienen por inobediencia
que llorando hablen los ojos
cuando calla la paciencia.
Dios la muerte que mandó
darle su padre lloró,
pero no fue inobediente;
pues si Dios la llora y siente,
¿he de ser más fuerte yo?

Juan   ¿Casarte es matarte?

Santa   Sí,
que si es la libertad vida
y ésa la pierdo por ti,
muerta soy, tú el homicida.
¿Quieres ver si esto es así?
Pues del matrimonio advierte
el nombre, substancia y suerte,
hallarás por testimonio
que si es cruz el matrimonio
el casarse será muerte.
Luego mi muerte publicas
con el estado que a luz
sacas, pues cuando le aplicas,
siendo el matrimonio cruz,
me casas y crucificas.
Fuera de que no es igual
nuestro labrador sayal
con su terciopelo noble,
y la palma con el roble
juntaránse tarde y mal.

Es ligero el elemento
del agua en su propia esfera,
como la pluma o el viento,
pero si le sacan fuera
pesa, porque está violento.

En mi centro estoy, no quiera
quien en él me considera
que mi peso le derribe,
que el pece en el agua vive
y muere sacado fuera.

Yugo llaman los que miran
la vida de los casados
y en sus coyundas suspiran
justamente, pues atados
del tálamo el carro tiran.

Mas, porque no sean mortales
las cargas que tantos males
causan al siglo presente,
para tirar dulcemente
han de ser los dos iguales.

Luego no te escandalices
si me vieres resistir
el yugo fiero que dices
cuando pretendes unir
tan desiguales cervices.

Dame otro mejor estado
que te alivie del cuidado
que suele quitar el seso
de un yerno mozo y travieso,
jugador y mal casado;

que todo esto lo aseguras
con más noble cautiverio
que es el que darme procuras.
Méteme en un monasterio,

donde entre vírgenes puras
  se alegrará mi esperanza
si a Dios por su esposo alcanza
y adquirirás nombre eterno.
Padre, éste sí que es buen yerno
sin pobreza, sin mudanza.
  En Santo Domingo el Real
tengo una tía; la fama
de este monasterio es tal,
que toda España le llama
paraíso terrenal.
  Conmigo ha comunicado
mi tía el dichoso estado
de las monjas que allí viven,
sin dote en él me reciben.
Dulce padre, padre amado,
  tío prudente, hoy los dos,
me habéis de dar este nombre,
que no queréis, padre, vos
darme por esposo un hombre
cuando lo quiere ser Dios.

Mateo
        Casi enternecido estoy;
mil gracias al cielo doy
que tan notable virtud
en tan tierna juventud
ha puesto.

Juan
           Tu padre soy;
  tu remedio he procurado,
no tengo hijos, como ves,
sino a ti; sola has quedado,
nietos quiero que me des,
ya mi palabra he empeñado.

Nunca acostumbro quebrarlas
las veces que llego a darlas,
ni las hijas han de hacer,
Juana, sino obedecer
en llegando a remediarlas.

(Sale Lillo con galas de desposada en un azafate.)

Lillo   Desde Madrid a Toledo
con tal presteza he venido,
que pienso que me ha traído
otro artificio o enredo
        como el de Juanelo.

Juan   ¡Lillo!

Lillo   Señor.

Juan   ¿Y Francisco Loarte?

Lillo   Mañana de Illescas parte
más ligero que un novillo
        cuando le sueltan del coso.

Mateo   Prestaréle amor sus alas.

Lillo   Yo vengo con estas galas
que envía el futuro esposo
        a mi sa Juana; un baúl
queda abajo en el patín
donde viene un faldellín
de oro y damasco azul,
        que se le puede poner
la mujer de un monseñor;

ropas de todo color,
cuyas colas pueden ser
    cola canóniga, o cola
de una cátedra perdida
de primavera florida;
otra entera a la española.
    Probómela el sastre a mí,
y aunque con barbas, me estaba
tan pintada, que pensaba
que con la suya nací.
    Tanto, que un gato aruñable,
viendo mi tallazo y brío,
dijo enamorado, «mío»,
que fue un requiebro notable.
    En fin, tantas galas vienen,
que cual novia se engreía
la mula que las traía.
Parte de ellas se contienen
    en este tal canastillo
o azafate; vuesarcé
rompa muchas, porque dé
estrenas al señor Lillo.

Juan   Yo, Lillo, os las quiero dar
en nombre de Juana, mi hija;
recibid esta sortija.

Lillo   Déjete el cielo gozar
    y ver choznos que a la puerta
te saquen, y a los reflejos
del Sol dejes nietos viejos.

Juan   Hija, porque se divierta
    tu pena, las galas mira

que tu esposo te ha feriado;
que no hay tan grande cuidado
en la que llora o suspira,
     ni con el gozo se iguala
de ver una gala nueva,
porque no hay tristeza a prueba
del mosquete de una gala.

Mateo   Mucho a Francisco Loarte
debes, sobrina querida;
el ser desagradecida
es crueldad.

Juan   Quiero dejarte
sola, que así mirarás
en la razón, que es tu espejo,
cuán bien te está mi consejo
y alegre le cumplirás.

Santa   ¡Ay de mí!

Juan   ¿No vienes, Lillo?

Lillo   Cuando el sí nos hayan dado,
vendrá ya más recatado
que capa en el baratillo.

(Vanse, dejando las galas. Queda la Santa sola.)

Santa   Bien acompañados quedan
los males en que me fundo
entre las galas del mundo
.... [-edan];
mas no hará, por más que puedan,

mella en el bien que acaudalo,
pues por malas os señalo,
y alas que nos dais veneno,
decid lo que tenéis bueno,
diré lo que tenéis malo.

(A los chapines.)   Vengamos al fundamento
sobre que el mundo fabrica
la máquina que edifica
entre sus torres de viento.
¡Miren sobre qué cimiento
labra la hermosura humana
su presunción loca y vana!
¿Esto a la mujer no avisa
que, si sobre corchos pisa,
por fuerza ha de ser liviana?

Con corcho el mundo os engaña,
hermosuras españolas;
ved cuál os traerán sus olas
en corchos si sois de caña.
Loca soberbia de España
que el mundo has vuelto al revés,
¿con plata, que es tu interés,
coronas chapines vanos?
¿Lo que afanaron tus manos
es bien que pisen los pies?

Líbreme el cielo de estado
donde, como el indio necio,
he de dar el oro a precio
de corcho y papel pintado.
Lástima tengo al casado,
que si es su honor la mujer
y en corchos la ha de traer,
peligrosos son sus fines,
porque honor sobre chapines

	a pique está de caer.
(A las cadenas.)	Cadenas, si causa penas

(A las cadenas.)   Cadenas, si causa penas
vuestro aparente tesoro,
hierro sois, que no sois oro,
pues yerra quien no os condena.
Si hay prisión donde hay cadena
y la prisión siempre es mala,
¿quién por buenas os señala?
Vestidos que en el delito
de Adán fuisteis sambenito,
¿del sambenito hacéis gala?
    ¡Ay Dios, que en tal cautiverio
mi padre afligirme trate!
El mundo es mar que combate
con alas de vituperio.
Nave será un monasterio
si el cielo el paso me allana.
Galas viles, no soy vana
de vuestras galas, mi Dios,
me adornad y vestid vos.

(Caen las galas abajo saliendo en su lugar un hábito de monja de San Francisco. Habla dentro.)

Voz   Éstas son mis galas, Juana.

Santa   ¡Ay cielos! ¿Qué es lo que he visto?
Una voz divina oí
y un saco pobre está aquí.
¿Cómo el contento resisto?
Éstas son galas de Cristo
y de Francisco librea,
santo en quien Dios hermosea
las llagas con el carmín,

que el alado serafín
en vuestras carnes emplea.
    Con tan soberana gala,
¿qué hermosura no tendrá
el alma que os sigue ya
y por vuestra se señala?
Este cordón será escala
con que desde el alboroto
del mundo el cielo, aunque ignoto
y su gloria meta a saco,
que aunque está roto este saco
no le echaré en saco roto.
    El monasterio sagrado
de la Cruz, Francisco mío,
es vuestro y en él confío
escapar del mundo a nado;
ya el cómo y cuándo he pensado,
aseguradme el camino,
Seráfico peregrino,
que dándome vos favor
hoy tiene de hacer Amor
un disfraz a lo divino.

(Vase y lleva el hábito. Salen Marco Antonio y Ludovico.)

Ludovico   Infórmate tú mejor,
                    que hoy lo he venido a saber.

Marco Antonio   ¿El hijo del mercader?
                    ¿El estudiante Melchor?

Ludovico   Ése fue el mismo que viste
                    saltar la noche pasada
                    de tu casa ya escalada

la pared.

Marco Antonio   ¿A quién lo oíste?

Ludovico   A quien ha visto rondalle,
hechos de tu agravio jueces
los vecinos muchas veces,
estas puertas y esta calle.
     Pues no sabe que has venido
nadie a Toledo, tu agravio
puedes vengar como sabio
antes de ser conocido.
     Aguárdale hasta que salga
a rondar como acostumbra,
cuando al Indio el Sol alumbra,
y entonces, sin que le valga
     fuerza ni industria, podrás
dándole muerte vengarte
y luego a Madrid tornarte,
desde donde volverás
     dentro de un mes a Toledo,
fingiendo que entonces llegas
de Sevilla.

Marco Antonio   ¡Ay, honras ciegas,
que siempre os combate el miedo!
     Dime: ¿no será mejor
darlos muerte juntos?

Ludovico   Eso
será pregonar su exceso.
En cosas de honra, señor,
     por menos inconveniente
se tiene el disimularlas

72

que, por vengarse, sacarlas
al qué dirán de la gente.

Marco Antonio
Eres, en fin, más discreto
que yo; buena es tu cautela.
Muera el que mi afrenta vela
y esté mi agravio secreto.
  Ven, y templarán mi furia
tu presencia y mi esperanza,
que no hay bastante venganza
cuando es pública la injuria.

(Vanse. Salen Melchor, Julio y Fabio.)

Melchor
¿Hay tormento como un viejo,
Julio, para un hijo mozo?
Si esta noche no la gozo
la mejor ocasión dejo
  que el amor me puede dar.

Julio
¿Vívese Marcela allí
adonde fue Troya?

Melchor
Sí.

Julio
Pues bien, ¿y hemos de tornar
  a saltar tapias huyendo
de la justicia?

Melchor
Eso fue
una vez.

Julio
De allí quedé
escarmentado. No entiendo

que nos conviene, Melchor.
Busca en Toledo otra dama,
que peligra así la fama
y honra de doña Leonor,
    que vive junto a su casa,
y piensa la vecindad
que rondas más su beldad
que a Marcela.

Melchor   Ponme tasa.

Julio   Si sucediese saltar
otra vez por sus paredes,
y te vieren, ¿cómo puedes
después, Melchor, restaurar
    el nombre y reputación
que en dos años ha adquirido
ausente de aquí el marido?

Melchor   Comiénzame a hacer sermón.
    Yo cumpliré el gusto mío;
tema, Julio, el que es cobarde.
Mi padre se acuesta tarde
después que está aquí mi tío,
    y a mi prima intenta dar
nuevo estado y nuevo dueño.
Vestiréme al primer sueño,
que aunque me obliga a acostar
    dentro su mismo aposento
desde que mi inquietud sabe,
de la puerta tengo llave.
Fabio, por darme contento,
    en la sala más afuera
podrá dejarme el vestido

de color.

Julio   Tú estás perdido.

Melchor   Podré, en fin, de esta manera,
                         sin que mi padre lo sienta,
                      salir en tu compañía,
                      si gustas.

Julio   Yo gustaría
                      que comieses sin pimienta
                         esta trucha salmonada.

Melchor   Julio, eso ya es flaqueza.

Julio   Quiébrate tú la cabeza,
                      que debes tener guardada
                         otra en el arca.

Melchor   Yo iré
                      con aviso.

Julio   Y yo contigo.

Melchor   Fabio, el vestido que digo
                      esta noche.

Fabio   Así lo haré.

(Vanse. Salen doña Leonor y Celia, criada.)

Leonor   ¿Mi esposo en Toledo?

Celia   Así

me lo han dicho.

Leonor Loca quedo.
¿Marco Antonio está en Toledo?
¿Mi esposo, sin verme a mí?
¡Ay, cielos, qué puede ser!
No, Celia; mentira ha sido.

Celia Yo así lo hubiera creído
si no hubieran visto ayer
a Ludovico, señora.
¿No ha un mes que desembarcó
en Sevilla y te escribió
que vendría por ahora?
Pues quien le vio en la ciudad
bien le conoce.

Leonor ¡Ay de mí,
Celia, si eso fuese así!
Alguna gran novedad
sin duda debe de haber.
¡Ay sospechas! Vuestro miedo
comienza. ¡Que esté en Toledo
y no vea a su mujer!
¿No era doña Leonor
de su honesto amor la fragua?
Mas ha pasado mucha agua
y habráse anegado Amor.
Celia, ¿qué puede ser esto?

Celia Según lo que ha sospechado
quien el recato ha notado
con que anda, es manifiesto
que alguna mujer le hechiza

en Toledo.

Leonor
                    ¡Ay, amor ciego!
Apagó el mar vuestro fuego,
llevóse el viento en ceniza
    el rescoldo que su fe
prometió conservar vivo.
¡Pobre de mí, que recibo
celos de lo que aún no sé!
    Celia, a mí me importa hablar
aquese hombre.

Celia
                    ¿Para qué?

Leonor
De él dónde acude sabré
mi esposo, y en qué lugar
    vive esta Leucote nueva
de quien soy, Celia, celosa.

Celia
No será difícil cosa
hablarle.

Leonor
                Ven y haré prueba
    del fiero mal que me abrasa,
que si vivió con sosiego
mi fe, los celos son fuego
que echan al dueño de casa.

(Vanse. Sale la Santa vestida de hombre.)

Santa
                La esposa que en los Cantares
herida de vuestro amor,
divino esposo y señor,
por tan diversos lugares

os busca, me hace atrever
a que, disfrazada en hombre,
ni el ser de noche me asombre,
ni el temor que en la mujer
    es natural, la ley guarde
del miedo que ya he roenpido,
porque amor hace atrevido
el animal más cobarde.
    Casarme quieren, mi Dios,
siendo cosa reprobada
el ser dos veces casada
y siendo mi esposo vos.
    Ya conozco vuestros celos,
no os los quiero, mi Dios,
dar; mi padre quiero dejar,
que con humanos desvelos
    me impide el bien que publico,
y por un mortal esposo
un divino y poderoso
me quita inmortal y rico.
    Solo vuestro amor me cuadre,
que si a mi padre dejé,
en vos, mi Cristo, hallaré
Rey, Señor, Esposo y Padre.
    El vestido de mi primo
en hombre me ha disfrazado;
la diligencia y cuidado
importa, ya que camino,
    y del Sol la clara luz
a la noche ha dado treguas.
No hay más de cinco o seis
leguas desde Toledo a la Cruz,
    donde el instituto santo
del Seráfico pastor

tiene de abrazar mi amor.
Vamos, pues; mas, ¡ay, qué espanto!
   Grillos me pone a los pies.
¿Qué dirá el mundo de mi?
Si me sigue y halla así
mi padre, ¿creerá después
   que servir a Dios ordeno,
o que con tan nuevo traje
voy a afrentar mi linaje
roto a la vergüenza el freno?
   ¿Qué dirán los que en tal talle
tuvieren de mí noticia?
¿Y qué dirá la justicia
si así me topa en la calle?
   Honra, ¿qué dirán de vos?
Mas ¿por qué mi temor fundo
en el qué dirán del mundo
si el mundo dejo por Dios?
   No seré yo la primera
que con varonil vestido
busque a Dios; otras ha habido
que abrieron esta carrera.
   Una Eugenia en traje de hombre
su casa y padres dejó,
y con los monjes vivió,
mudando en Eugenio el nombre;
   de modo, que de su vida
es la mía imitadora.
¿No fue una santa Teodora
por hombre también tenida,
   hasta que después de muerta
el mundo la conoció?
¿Por qué he de ser menos yo?
Cerraré al temor la puerta,

que el amor haga esta hazaña.
En Hazaña me dio el ser
Dios. Hazañas he de hacer;
Mas —¡ay cielos!— ¿si me engaña
mi loca imaginación?
Una mujer que es espejo
de su honor, sin más consejo,
sin más consideración,
    ¿tiene de dejar así
su fama? ¿No puedo yo
ponerla a riesgo? Sí... no...
pues... volveréme... no... si...
    Y si mi padre me casa,
¿heme de ir de noche oscura?
Ésta es gran desenvoltura;
Juana, volvamos a casa.
    Poco importa que te ensayes,
amor, pues no te resuelves.

(Quiere entrarse y detiénela el Ángel de la Guarda.)

Ángel   Tente, Juana. ¿Dónde vuelves?
                     Esfuérzate, no desmayes.

(Vase.)

Santa   ¡Jesús! ¡Qué notable fuerza
                     sin ver a nadie he sentido
                     que la vuelta me ha impedido!
                     La voz sonora me esfuerza;
                         ánimo cobro ya nuevo.
                     Eterno esposo, ya os sigo,
                     que, pues os llevo conmigo,
                     suficiente guarda llevo.

80

(Vase. Salen Marco Antonio y Ludovico de noche.)

Marco Antonio   Si saliese de noche, Ludovico,
el adúltero infame que me afrenta,
verás de mis agravios la venganza
satisfecha en mi honra mi esperanza.

Ludovico   No creyera jamás lo que la noche
que vimos dar asalto a tu honra y casa
sucedió.

Marco Antonio   Amigo, allí mi honor se abrasa.

Ludovico   Toledo al menos a tu esposa llame
Penélope española en esta ausencia.

Marco Antonio   No han hecho como yo ellos la experiencia.

Ludovico   Bien puede ser que mi señora ignore
sus injurias, y dé alguna crïada
al que te agravia así en tu casa entrada,
que a ser doña Leonor mujer liviana,
saliera tu enemigo por la puerta,
pues sin saltar pared la hallara abierta.

Marco Antonio   ¿Cómo puede eso ser, si al saltar dijo:
«Por Dios, que es bella moza, y que el marido
dejó a riesgo un buen talle?» Estoy perdido.
Aquí, amigo, cualquier discurso cesa.
No hay disculpa bastante. Melchor muera,
que sola esta disculpa mi honra espera.

(Salen doña Leonor, de hombre, y Decio como de noche.)

Leonor   Desde el mesón donde encubierto posa
                le sigo recelosa de mis daños,
                que amor todo es engaños. Decio amigo,
                a la paga me obligo del cuidado
                y aviso que me has dado.

Decio   En esta casa
                vive por quien se abrasa, que esta tarde
                hizo su amor alarde, preguntando
                quién la honraba habitando estas paredes.

(Señala a Marco Antonio.)

                Tu Marco Antonio es, puedes por tus ojos
                ver claros tus enojos y recelos.

Leonor   ¿Que este es mi esposo? ¡Cielos! ¿De esta suerte
                mi amor se paga? ¿Es muerte al fin la ausencia?
                Ya miro la experiencia de mis daños.
                Firmeza de dos años combatida
                de la ocasión, ¿se olvida de este modo?
                Decio, piérdase todo.

(Da voces.)

Decio   No des voces.

Leonor   Si mi rabia conoces, ¿qué te asombras?
                Noche, que en viles sombras favoreces
                traidores, bien pareces que te abscondes
                del Sol, pues correspondes a quien busca
                la oscuridad que ofusca obligaciones.
                Estrellas, que a ladrones dais amparo;

cielo con el Sol claro que está ausente;
Luna, un tiempo creciente, ya menguante,
a su amor semejante en la mudanza;
paredes, que en venganza de la fama,
con que el mundo me llama roca firme,
¿queréis por afligirme que os adore,
mi esposo, porque os llore quien os mira?
¿Calles en quien ya tira mi locura
piedras, que piedra dura no enternece
el mal que me enloquece? Gran Toledo,
en cuyos libros quedo eternizada
por noble, por honrada, por coluna
del honor; cielos, Luna, Sol, estrellas,
paredes, rejas bellas, calles, puertas,
mis sospechas son ciertas, mis recelos,
mis tormentos, mis celos no hay sanarlos.
¡Cosa es el aumentarlos ya forzosa!

Decio   ¡Señora!

Leonor   Ved si es cosa que se calle,
cuando ronda la calle donde habita
quien mi tormento incita. Ved si el hombre
es bien que tenga de mudable el nombre.

Marco Antonio   ¿Qué voces serán éstas? ¿No es Leonora
la que se queja, llora y grita, cielos?
¿Si llora infames celos del que ha sido
mi deshonra? Perdido estoy, ya es cierta
mi sospecha. ¿A su puerta y a tal hora
dando voces Leonora? Amigo, muera
quien me ha ofendido.

Ludovico   Espera.

Marco Antonio	El cadalso
	será esta calle.

Leonor	¡Ah falso! ¿Esto has traído
	de las Indias que han sido tu Leteo?
	Con sus bárbaros veo que recibes
	sus ritos. ¿Qué caribes han trocado
	aquel amor pasado, que envidiaban
	cuantos la paz miraban, en que unidos,
	ejemplo de maridos Marco Antonio
	eras y testimonio? Pero miente
	quien tal afirma, y siento que aquél era
	acero. Tú eres cera y frágil caña.
	¿Tú en España, en España? ¿Tú en Toledo
	sin ver tu casa, y puedo persuadirme
	que eres amante firme?

Marco Antonio	¡Ah, vil mudable!
	Nombre de variable me das, cuando
	por verte, atropellando inconvenientes
	tantas provincias, gentes, tantos mares
	pasaron mis pesares; cuando, ingrata,
	al Potosí su plata, al mar sus perlas
	hurté, para ofrecerlas a tu gasto,
	viniendo al tiempo justo de dos años,
	que son de estos engaños larga tasa,
	y llegando a mi casa vi...

Leonor	¿Qué viste?

Marco Antonio	Que con tu fama diste y casto nombre
	en tierra. Vi que un hombre con un salto
	de una pared, dio asalto a mi sosiego;

vi que se alabó luego haber triunfado
de ti y de mi cuidado. A tus paredes
preguntar quién es puedes, quien procura
entrar de noche oscura; mas si agora
a sus puertas, traidora, te he cogido,
¿por qué a mi enojo impido la venganza?

Leonor   ¿Disculpas tu mudanza de esa suerte?
Esposo ingrato, advierte que en defensa
de mi fama no piensa mi respeto
mostrársete sujeto, aunque te llame
mi marido. El infame que dijere,
séase quien se fuere, que mi casa
los límites traspasa que el honesto
amor en ella ha puesto, y que por obra
o pensamiento cobra detrimento
mi fama, miente.

Marco Antonio   ¿Miento yo que he visto
tu liviandad?

Leonor   Si asisto en este traje
no es por hacer ultraje a lo que debo.
Decio diga si es nuevo en mí este exceso,
que por tal le confieso. Yo he sabido
que a Toledo has venido, aunque encubierto,
por los amores muerto de una Circe,
que así puede decirse quien te abrasa,
y viendo que tu casa así olvidabas
y a mí me despreciabas, te he seguido
con Decio, que ha sabido tus quimeras.
Si disculparme esperas con culparme,
armas tengo; vengarme en ti confío,
que por el honor mío, al propio esposo

mataré.

Marco Antonio	¡Ay, engañoso cocodrilo!
	Las riberas del Tajo has vuelto en Nilo.

(Salen Julio y Fabio, hablan aparte.)

Fabio	Dejéle como digo en el retrete
	de la sala de afuera aderezado
	el vestido que saca cada noche;
	levantóse, y buscándole, no pudo
	hallarle, ni yo sé quién le ha tomado;
	en fin, que se volvió a la cama haciendo
	extremos y locuras de un furioso.

Julio	No vi en mi vida cuento más donoso.

Marco Antonio	Leonor, aquí no bastan las disculpas;
	Ludovico lo vio, no hay engañarse
	tantos ojos. Melchor, el estudiante
	hijo del mercader, por tus paredes
	entra de noche y sale; esto es sin duda.

Julio	¿Quién nombra aquí a Melchor? Escucha, Fabio.

Marco Antonio	Hoy moriréis los dos.

Julio	En el engaño
	he caído. Melchor fue venturoso
	en que le hurtasen el vestido, y éste
	es de doña Leonor esposo caro,
	que ya ha venido de Indias, y la noche
	que en casa de Marcela la justicia
	le obligó a que saltara sus paredes,

nos vio sin duda; miren si saliera
Melchor, ¡cuán venturoso hubiera sido!

Fabio   Dióle la vida quien le hurtó el vestido.

Julio   Desengañarle, Fabio, es lo que importa.
(A ellos.)   ¡Ah caballero! ¿Hay pasó seguro?

Marco Antonio   Si dice antes el nombre.

Julio   Que me place.
                         Julio me llamo y es un grande amigo
                         del señor Marco Antonio.

Marco Antonio   No hay ninguno
                         aquí con ese nombre.

Julio   Yo lo creo,
                         pues por sí o por no, desengañaros
                         quiero de una sospecha que os aflige.
                         Melchor, de quien tenéis esos recelos,
                         no os ha ofendido, ni hay en toda España
                         quien se atreva a rendir la fortaleza
                         que vuestra esposa bella ha conservado
                         el tiempo que en Toledo os lloró ausente.
                         Lo que ha pasado es esto: Melchor trata
                         con una dama que pared en medio
                         de vuestra casa vive, cuyo nombre
                         es Marcela. Una noche tuvo aviso
                         la justicia que estaban los dos juntos;
                         entró a buscarlos y Melchor subióse
                         á una azotea, desde donde viendo
                         que le seguía un alguacil, fue fuerza
                         saltar un tejadillo vuestro, y luego

	de él a la calle. Examinad si es cierto
	del alguacil Ayuso, y dad mil gracias
	a Dios y a vuestra esposa que merece
	otro nombre mejor del que os parece.

Marco Antonio   Amigo Julio: ¿es cierto lo que dices?

Julio   Yo acompañé a Melchor aquella noche.

Marco Antonio   Quitó a mi amor tu aviso las tinieblas
de celos que eclipsaban mi sosiego.
Como el que duerme y tiene pesadilla,
desde que entré en Toledo, Julio, he estado;
despertásteme; en fin, ya he sosegado.
Dame esos brazos, cara y dulce esposa,
y echemos a los celos esta culpa,
que no en balde los pintan con un ojo,
y el otro ciego, porque vean a medias
y engañan como a mi me han engañado.

Leonor   Ya todo lo daré por bien empleado.

(Sale un Criado.)

Criado   ¡Gran desgracia!

Marco Antonio   ¿Qué es esto?

Criado   Fabio.

Fabio   Amigo.

Criado   Juana, sobrina del señor, la hija
de Juan Vázquez, aquella que en Hazaña

tantas señales dio de virtüosa...
ésa falta de casa.

Fabio   ¿Cómo?

Criado   Viendo
que la forzaba el padre a que tan niña
se casase, esta noche se ha ausentado,
y a lo que dicen disfrazada de hombre;
porque el vestido que Melchor tenía
de color, no parece.

Julio   Eso es sin duda,
y hale valido el dar al primo vida,
que a dejarle, ya estuviera muerto.

Criado   Su padre está sin seso, su tío loco,
y todos imaginan que se ha ido
al monasterio de la Cruz, dos leguas
de Illescas, a ser monja, que así dijo
lo había prometido.

Fabio   Pues ¿qué intentan?

Criado   Todos van en su busca.

Fabio   Y yo ¿qué aguardo?

Julio   Extraordinarias cosas hemos visto
en breves horas.

Marco Antonio   Vamos, Julio, amigo,
a mi casa, que quiero regalaros
y que sepáis por experiencia el gusto

que causa amor después de largos celos.

Julio   Como el Sol tras las nubes en los cielos.

(Vanse. Salen Francisco Loarte y Lillo de camino.)

Lillo   La alegre conversación
                         facilita la molestia
                         del camino; hablemos, pues,
                         que aunque no hay más de seis leguas
                         de aquí a Toledo, me cansa
                         el verte que en todas ellas
                         por contemplar a tu esposa
                         no has despegado la lengua.

Francisco   ¡Ay! Que estas seis leguas, Lillo,
                         me han parecido seiscientas,
                         según el Amor da prisa
                         al alma que nunca llega.
                         Mas ya que en conversación
                         quieres que las entretenga,
                         vuelve otra vez a contarme
                         de mi esposa la belleza,
                         cuando las joyas la diste
                         y la sabrosa respuesta
                         que te dio su viejo padre,
                         ya que la casta vergüenza
                         de mi Juana enmudeció.

Lillo   De todo te he dado cuenta
                         dos veces.

Francisco   No seas pesado.

Lillo	Contarételo quinientas.
	Llegó la señora mula
	con su badulaque a cuestas
	y el señor Lillo a las ancas
	hasta la espaciosa vega.
	Apeóse allí mi merced,
	y cuando llegué a la puerta
	de Visagra, alcé los ojos
	y vi el aguilucho en ella
	con sus dos cabezas pardas,
	y haciendo una reverencia
	dije: «Salve, pajarote,
	de toda rapiña reina».
	Entré por la calle arriba
	y a poca distancia, cerca
	de un barbero, vi una casa
	que, aunque algo baja y pequeña,
	el olor que despedía
	me confortó de manera
	que me obligó a preguntar
	si algún santo estaba en ella.
	Respondióme uno: «Aquí vive
	San Martín». Hinqué en la tierra
	las rodillas y creí
	sin duda que era su iglesia.
	Todo un Domingo de Ramos
	vi encima de una carpeta
	a la entrada, y dije: «Aquí
	fiestas hay, pues ramos cuelgan».
	Entré muy devoto dentro,
	vi mil danzantes en ella
	de capa parda bailando,
	ya de pies, ya de cabeza.
	Estaba sobre un tablero

una gran vasija llena
de agua con muchas tazas;
lleguéme allá, pensé que era
pila del agua bendita,
metí la mano derecha
mojando el dedo meñique
y salpiquéme las cejas.
Estaba allí una mujer
más gorda que una abadesa,
cura de aquella parroquia
una sobrepelliz puesta
o devantal remangado,
y recogiendo la ofrenda
dada al San Martín divino
que estaba sobre una mesa,
y debía de haber dado
a otro pobre la otra media
capa, porque estaba en cueros,
dijo la mujer: «¿No llega,
hermano?». «Ya voy», la dije.
Saqué de la faldriquera
medio real —que no doy menos
en limosnas como aquéllas—
y tomando una medida
me dio de sus propias venas
San Martín la blanca sangre
que hace hablar en tantas lenguas.
Proseguí con mi camino.

Francisco   Saldrías de la taberna
                   como sueles.

Lillo   ¿Cómo suelo?
                   Calzadas con cinco suelas

las tripas, en fin, llegué
en cas de tu suegro.

Francisco   Espera.

Lillo   ¿Qué hay de nuevo?

Francisco   A pie y corriendo
me parece que se acerca
un muchacho hacia nosotros.

Lillo   Pues bien, ¿será cosa nueva
ver correr a un caminante?

Francisco   No, mas la sangre me altera
su vista.

Lillo   Pues ¿qué imaginas?

Francisco   Nada; sepamos qué priesa
le obliga a que así camine.

Lillo   Sepamos en hora buena.

(Sale la Santa vestida de hombre.)

Santa   Mi Dios: alas me habéis dado
con que como el alma vuela,
el cuerpo que de los lazos
del mundo se desenreda.
No siento cansancio alguno;
pero quien el yugo lleva
de vuestra ley, Cristo mío,
no se cansa, que no pesa.

Francisco	¡Válgame el cielo! ¿Qué veo?
	Lillo, ¿mi Juana no es ésta?
	Sí, que el retrato del alma
	su imagen me representa.
Lillo	Yo ser tu esposa jurara,
	a no tener por quimera
	que mujer tan recogida
	a tal locura se atreva.
Francisco	Mi querida esposa es, Lillo,
	prenda de mis ojos bella.
(A ella.)	¿Adónde vais de ese modo?
Santa (Aparte.)	(¡Ay Dios! ¿Qué desdicha es ésta?)
	Perdida estoy, dulce esposo.
	Si corre por vuestra cuenta
	el volver por vuestro honor
	y yo soy esposa vuestra,
	libradme de este peligro,
	que ha visto el lobo la oveja,
	y si no me guardáis vos
	os ha de quitar la presa.
Francisco	Dadme, mi esposa, esos brazos,
	seré venturosa hiedra
	de tu cuello.

(Va a abrazarla, hace que no la ve, ni Lillo tampoco.)

Lillo	¿Hay tal suceso?
Francisco	¡Juana mía! Mas ¿qué es de ella?

Lillo, ¿qué se hizo mi bien?

Lillo

No sé pardiós. O lo sueñas,
o estoy cual suelo borracho,
o hay brujas en esta tierra.
Ella se ha vuelto invisible.

Francisco

Cara esposa, ¿así me dejas?

Santa (Aparte.)

(Mi Dios, bien sabéis burlaros
de quien ofenderos piensa.
Aquí estoy y no me ven;
voyme, pues los ojos ciega
mi esposo de estos perdidos.
A fe, divina clemencia,
que hacéis muy buen guardadamas.)

(Vase la Santa.)

Francisco

Mi bien, mi querida prenda,
¿qué es esto? ¿adónde te has do?
Dame esos brazos, no seas
cruel conmigo.

(Va a abrazar a Lillo.)

Lillo

¡Arre allá!
¿Adónde diablos te pegas?
¿A mí los brazos? ¿No ves
que soy hembro y no soy hembra?

Francisco

¡Válgame el cielo! ¿Qué es esto?

Lillo

Señor, ¿si acaso las setas

que comimos nos han vuelto
boca abajo las molleras?
¿Qué Urganda nos ha encantado
para enseñarnos quimeras
semejantes? Si has leído
a Urganda, ¿no se te acuerda
del anillo de Brunelo
con que Angélica la bella
se hacia invisible? Par Dios
que si tú Orlando ser piensas
que tela ha dado a mamar.

(Salen Juan Vázquez y Juan Mateo.)

Juan   Primero que monja sea
                bañaré estas canas blancas
                en la sangre de sus venas.

Mateo   Todo esto merece, hermano,
                quien quiere casar por fuerza
                sus hijas.

Juan   O ha de hacer
                lo que yo la mando, o muera,
                pues no obedece a su padre.

Mateo   Si por Dios los hombres deja,
                quién la podrá persuadir
                casarse?

Juan   La obediencia.

Francisco   ¿No es éste Juan Vázquez, Lillo?

Lillo	Juan Vázquez parece; llega y agárrale, no se vaya, que el diablo se regodea con nosotros y se burla.
Juan	¡Hijo!
Francisco	Señor.
Juan	Si deseas cobrar tu esposa, mis pasos sigue.
Francisco	¡Ay Dios! Pues ¿quién la lleva?
Juan	El deseo de ser monja le dio atrevimiento y fuerzas para disfrazarse de hombre. En la Cruz tomar intenta el sayal de San Francisco; mas no hará lo que desea mientras mis miembros cansados tengan vida. Ven, ¿qué esperas?
Francisco	No ha un instante que la vimos Lillo y yo de esa manera.
Juan	¿Cómo no la detuvistes?
Lillo	Jugó a la gallina ciega con nosotros, y acogióse invisible.
Mateo	En su defensa

lleva a Dios, ¿qué mucho?

Juan   Vamos.

Francisco   ¡Ay, Lillo, mi muerte es cierta!

(Vanse. Sale la Santa de hombre.)

Santa   Ésta es la casa divina
de la Cruz, en testimonio
que la cruz del matrimonio
que darme el mundo imagina
    menosprecio por la luz
que la cruz de Dios me da,
y así mi nombre será
de hoy más Juana de la Cruz.
    Vuestras paredes sagradas
beso, casa santa y rica,
pues dentro de vos fabrica
las piedras vivas labradas
    Dios, a poder de las llamas
que el mundo en mi pecho ha visto,
porque aquí tiene mi Cristo
el cuarto real de sus damas.
    Quiero entrar, Francisco santo,
donde con vuestra librea
compuesta el alma se vea,
y aunque no merezco tanto
    hacéis vos mi dicha cierta,
pues os tengo por patrón;
quiero ir a hacer oración,
pues está la iglesia abierta.

(Al tiempo que quiere entrar cantan dentro.)

Músicos	«Norabuena venga Juana a mi casa, que la tierra se alegra y el cielo canta.»
Santa	Músicos divinos, si mercedes tantas hace vuestro dueño a sus desposadas, dichosa mil veces y rica otras tantas la que sus deseos le ofrece y consagra.
Músicos	«Entra a desposarte con Dios, que te aguardan de Francisco santo las humildes galas.»
Santa	Temo justamente conforme a la traza y traje en que vengo que mis esperanzas no sean admitidas. Virgen soberana, pues por madre os tengo, allanad la entrada.
Músicos	«Paloma escogida, tu esposo te llama para aposentarte dentro de su alma.»

(Salen la Abadesa y la Maestra de novicias.)

Abadesa   ¿Qué música celestial
                 con maravilla tan nueva
                 nuestros sentidos se lleva
                 tras sí?

Santa (Aparte.)   (¡Dichoso sayal,
                   cuyas entretelas son
                   la seda y brocados finos
                   de favores tan divinos!
                   Ensánchese el corazón
                       con tan venturoso estado.)

Maestra   ¡Oh música soberana!
                 ¿Quién puede ser esta Juana
                 a quien el cielo ha cantado
                     motetes de su venida?

Santa (Aparte.) (Ésta la prelada es
                 de este convento.) Esos pies
                 en quien consiste mi vida
                     bese mi boca.

Abadesa   Señor,
                 alzad. ¿Eso habéis de hacer?

Santa   Una mísera mujer
                 os pide gracia y favor.

Maestra   ¿Vos mujer?

Santa   Este disfraz
                 de mi casa me destierra,

donde el mundo me hizo guerra,
y vengo a buscar la paz.
   A Dios, vuestro esposo, madre,
di de mi dueño el renombre;
quiso después, con un hombre,
que me casase, mi padre;
   y por último remedio,
con el vestido que veis,
vengo a que ayuda me deis.
Atrevido ha sido el medio;
   mas Dios, que todo lo allana,
los estorbos allanó
que el demonio me ofreció.

Abadesa	¿Cómo es vuestro nombre?
Santa	Juana.
Maestra (Aparte.)	(Éste es el mismo que el cielo con regocijos festeja.)
Abadesa	Aunque confusa me deja y con notable recelo el veros, hija, llegar de ese modo, la intención puesta ya en ejecución, es digna de ponderar. El alma me pronostica las virtudes que encubrís con que a enriquecer venís esta casa, que estáis rica de los bienes celestiales que en ella son menester. Hoy os hemos de poner

las estimadas señales
que Francisco nos dejó
a las esposas de Cristo.

Santa   ¿Cómo el contento resisto?
¿Cómo el gozo no salió
a agradecer tanto bien
por la boca y por los ojos?
Ya cesaron mis enojos;
cesó mi temor también.

(Salen Juan Vázquez, Juan Mateo y Francisco Loarte.)

Juan   Aquí sin duda ha de estar;
porque en este monasterio
intentó desde la cuna
ser monja. Permita el cielo
que mi presencia la obligue
a que, mudando deseos,
no me dé triste vejez.

Francisco   Contadme los dos por muerto
si no quiere ser mi esposa.

Mateo   Aquí está en el traje mesmo
que sospechamos en casa
cuando salió de Toledo.

Juan   ¿Qué es esto, hija de mis ojos?

Francisco   Dulce esposa, ¿cómo es esto?

Mateo   Sobrina, ¿así nos dejáis?

Juan	¿Las canas de un triste viejo
	que te dio el ser y la vida
	desprecias? El corto tiempo
	que he de vivir, hija Juana,
	¿es bien que viva muriendo?
	No me dio más hijos Dios;
	contigo vivía contento;
	en ti a tu madre miraba
	por ser tu rostro su espejo.
	Tú eras, si estaba triste,
	mi regalo, mi deseo,
	mocedad de mi vejez,
	de mi enfermedad remedio.
	¿A quién dejaré mi hacienda
	si me dejas y te dejo?
	Mi muerte es cierta sin ti,
	pues vivo porque te veo.
	Hija, compañera, madre,
	que esto y más contigo tengo,
	¿tu padre quieres matar?
	¿Este pago será bueno?
Mateo	Sobrina: mirad que Dios
	quiere se haga el mandamiento
	de los padres, y que os manda
	que le obedezcáis al vuestro.
	Casada podéis servirle,
	que en el dulce casamiento
	del matrimonio mil santos
	os pueden servir de ejemplo.
Francisco	Esposa del alma mía,
	reina de mis pensamientos,
	mira que yo te di el alma;

por el alma o por ti vengo.
Si mis quejas no te obligan,
si no te ablandan mis ruegos,
en tu presencia he de darme
la muerte, que estoy sin seso.
Mi hacienda, mis padres nobles
están, los brazos abiertos,
aguardándote en Illescas;
¿por qué con tal menosprecio
quieres que mi muerte lloren?

Santa   Padre, a Dios por padre tengo.
Tío, Dios solo es mi tío;
Dios es mi esposo y mi dueño.
Francisco Loarte, aquí
determino morir; esto
os tengo de responder.
Dios lo quiere y yo lo quiero.

Juan   Eso no; no quiere Dios
que a tu mismo padre viejo
mates, siendo tú el verdugo.
Madres, perdonad si os llevo
lo que es mi hacienda por fuerza.

(Quiere llevarla por fuerza y la Santa se abraza a las monjas.)

Abadesa   Señor: resistir al cielo
es pecado.

Juan   Has de venir,
o haré locuras y excesos.

Santa   Madres: ¿así me dejáis?

Mi Dios, mi esposo, si es cierto
que son de los malhechores
sagrado asilo los templos,
¿por qué a mí no han de valerme?
En sagrado estoy, ¿qué es esto?
Mi Dios, Iglesia me llamo.
¡Aquí del rey y del cielo,
que de la Iglesia me sacan!
Francisco, el hábito vuestro
ha de librarme esta vez.
Cordón, sed vos mi remedio.
¿No sois vos embajador,
Francisco, de Cristo mesmo,
y el rey de armas de su casa,
pues en vos las suyas vemos?
De casa de embajadores
no sacan a ningún preso;
pues defendedme, Francisco,
que os quiebran los privilegios.

Maestra   ¿Hay más virtud en el mundo?

Abadesa   No quiera el piadoso cielo
que de nuestra casa salga
el tesoro que tenemos.

Mateo   Hermano: volved en vos,
dejad injustos extremos.
Dios por suya a Juana escoge;
Dios quiere ser vuestro yerno.
¿Queréis vos ir contra Dios?

Juan   No sé quién me ablanda el pecho
y su dureza derrite;

pero el Amor todo es fuego.
No quiero a Dios ofender;
suyo es todo cuanto tengo;
sírvase con todo Dios,
pues ya lo mejor le entrego.
Mi bendición y la suya,
hija, os alcance.

Santa   Ya beso
esos pies, agradecida.

Francisco   ¡Ay, Dios, cuán vanas salieron
mis marchitas esperanzas!

Maestra   .   Sosegad, señor.

Francisco   No puedo
ni podré mientras que viva.

Abadesa   Vamos, hija, y os daremos
el hábito venturoso
de Francisco.

Santa   Mi contento
se cumplió de todo punto.

Abadesa   Para que se cumpla el vuestro
esperad todos un rato,
y veréis a Juana presto
adornada con las galas
de su desposado eterno.

(Vanse las tres.)

Juan	Señor Francisco Loarte,
	aquí el más sano consejo
	es ver que, si Juana os deja,
	no es por otro hombre del suelo,
	sino por Dios; ya lo veis
	las ventajas que os ha hecho
	Dios, vuestro competidor.
Francisco	Dejadme, que no hay consuelo
	que mis tormentos aplaque.
Mateo	¿Cómo un hombre tan discreto
	así se deja llevar
	del tropel de sus deseos?
Francisco	No puedo más, que estoy loco.
	Pues mi esposa hermosa pierdo,
	piérdase con ella todo:
	fuera vida, fuera seso:
	huyan los hombres de mí.
Juan	Sosegaos.
Francisco	Soy el infierno,
	¿cómo queréis que sosiegue?
	Hüid de mí. ¡Fuego, fuego!

(Vase Francisco de Loarte.)

Mateo	¡Qué lástima!
Juan	Sabe Dios
	lo que su desdicha siento;
	mas Él lo remediará,

pues por su causa se ha hecho.

(Salen la Abadesa, la Maestra de novicias y la Santa, de monja.)

Santa
¡Qué alegre y compuesta salgo!
Pedid, padre, a mi contento
albricias. Éste es brocado,
no es, padre, sayal grosero.
Cristo es ya mi Esposo, tío,
dentro del alma le tengo.
Reina soy, porque Él es rey;
vos, padre, veréis sus reinos.

Juan
Las lágrimas a los ojos
salen, mi Juana, al encuentro
para darte el parabién
del nuevo estado.

Santa
¡Y qué nuevo!
El alma me ha renovado.

Mateo
De manera me enternezco
que no puedo hablar de gozo;
mas darte los brazos puedo.

Santa
Padre y señor, esto baste,
que estamos perdiendo
el tiempo y reñiráme mi Esposo,
porque es celoso en extremo.
Ya no soy mía. Adiós, padre.

Abadesa
La grande virtud contemplo
que encierra este serafín.

Maestra	Grandes cosas de ella espero.
Santa	Dadme los brazos y adiós.
Juan	¡Hija mía: que te dejo!

(Vanse los dos.)

Santa	Bien guardada me dejáis, en el cielo nos veremos. Madre Abadesa, si gusta vuestra caridad, pretendo dar solo gracias a Dios por la merced que me ha hecho.
Abadesa	Su maestra de novicias se la dará.
Maestra	Vuelva luego al noviciado.
Santa	Sí haré.
Maestra	¿Hay tal ángel?
Abadesa	Es un cielo.

(Vanse las dos.)

| Santa | Mi Dios, de casa soy ya;
ya los huéspedes se fueron,
aquí siempre ha de durar
el pan de la boda eterno.
¡Qué de ello os he de servir! |

¡Qué palabras, qué requiebros
os piensa decir el alma!
Mas —¡válgame Dios!— ¿qué es esto?

(Música arriba y aparécense entre unas nubes Santo Domingo y San Francisco con sus llagas.)

San Francisco   ¿Conócesme, hija mía?

Santa   ¿Si estoy en mí? ¿Si no duermo?
                       Vos sois mi Francisco santo,
                       a quien por padre obedezco.

Santo Domingo   ¿Y yo?

Santa   Sois Santo Domingo,
                       cuyos pies sagrados beso,
                       por honra de nuestra España
                       que dio tal Guzmán al suelo.

Santo Domingo   El gran padre San Francisco,
                       a quien por hermano tengo,
                       y yo, Juana, competimos
                       con amorosos extremos
                       sobre cúya hija has de ser;
                       yo, en mi favor alego
                       que ser mía pretendiste
                       en mi amado Monasterio
                       El Real, que ilustra mi nombre
                       y tanto estima Toledo,
                       y a quien tan devota fuiste.
                       ¿Esto, mi Juana, no es cierto?

Santa   Sí, mi padre.

110

Santo Domingo	Pues ¿qué esperas? Ven.
San Francisco	Eso no, padre nuestro; ella se vino a mi casa, la posesión suya tengo. Ya se vistió mi pobreza, mía es; mas con todo eso escoja. En su voluntad su elección al gusto dejo.
Santo Domingo	Niña, mi hábito recibe. Ya ves los santos que dieron hoy al mundo de mi orden. Ya sabes lo que te quiero. Este escapulario blanco es de la pureza ejemplo que a Dios su virginidad consagra. El hábito negro es el luto por el mundo, pues que para ti ya es muerto. La devoción del rosario que ves adornar mi cuello, de mi Orden es. ¿Qué aguardas? Paga el amor que te muestro con tomar mi hábito santo.
San Francisco	Juana: aunque el mío es grosero, tú escogiste su humildad; mira cuál te agrada de éstos, que yo gusto de tu gusto, porque conozco tu pecho.

Santa	Divino Predicador,
	perdonad si veis que dejo
	vuestra sagrada blancura
	por estos pobres remiendos;
	que, como las cinco llagas,
	aunque pobre, guarnecieron
	con sus rubíes el sayal
	de Francisco, es ya sin precio.
	Dios es mi esposo, Domingo;
	si a Dios en Francisco veo,
	para estar siempre con Dios
	estar con Francisco tengo.
(A San Francisco.)	Vos sois mi santo, mi padre,
	mi refugio, mi remedio,
	mi regalo, mi descanso,
	y así vuestro sayal quiero.
San Francisco	Mía ha sido la victoria.
Santo Domingo	Yo estos brazos os ofrezco,
	mi carísimo Francisco,
	en señal del vencimiento.

(Abrázanse los dos santos y encúbrense.)

Santa	¡Oh, soberana visión!
	Mi llagado, alegre quedo.
	Juana, holgaos; alegraos, Juana.

(Sale la Maestra.)

Maestra	¿Hermana?
Santa	¿Madre?

Maestra	¿Qué es esto?
	¿Cómo da voces así?
	Guardará un año silencio,
	sin que a más que al confesor
	pueda hablar.
Santa	Yo la obedezco.
Maestra	Del oro de su obediencia
	probar los quilates quiero.

Fin de la segunda jornada

Jornada tercera

(Salen la Maestra de novicias y sor María Evangelista.)

Maestra
Confieso de esta mujer
la virtud más excelente
que puede en un alma haber,
y confieso juntamente
que mi verdugo ha de ser.
¿Ves lo que toda la casa
la quiere? ¿Ves lo que pasa
en su fe, en su mansedumbre?
Todo me da pesadumbre,
todo me inquieta y abrasa.
Su humildad conmigo lidia;
cuanto tú más la celebras
más me cansa y me fastidia,
porque todas las culebras
me atormentan de la envidia.
Dos años ha que tomó
el hábito, siendo yo,
por mi desdicha, maestra
de las virtudes que muestra,
y en ellas se adelantó
de modo que, por mi daño,
mi pesar cubro y engaño
y en ella a Dios reverencio.
Guardar la mandé silencio,
y ya sabes que en un año
no habló palabra.

Evangelista
Si vieses
lo que Dios por ella ha hecho,
yo te digo que no hicieses

esos extremos. Al pecho
de su madre, de dos meses,
la mostró en mil ocasiones
el cielo revelaciones
que te hubieran admirado
a habérselas escuchado
como yo en sus recreaciones.
Desde que nació, los viernes
ayunó; y a quien Dios da
los favores que disciernes,
¿qué daño hacerle podrá
tu pesar?

Maestra   No me gobiernes,
que es la envidia pestilencia
del seso y de la paciencia
y temo...

Evangelista   ¿Qué hay que temer?

Maestra   Que esta Juana me ha de hacer
con su virtud competencia.
Deseo ser abadesa,
como sabes, de esta casa.

Evangelista   Pues ¿de una recién profesa
que en la cocina ahora pasa
su vida, temes?

Maestra   Sí, que ésa
mis intentos desvanece,
porque al paso que ella crece,
mi esperanza, amiga, mengua;
no sé qué tiene en la lengua

que cuando habla me parece
que, a mi pesar, se levanta
con el monasterio todo
por ser su sencillez tanta
y amarla todas de modo
que ya la tienen por santa
y no estiman mis lisonjas.

Evangelista   Las virtudes son esponjas
que las voluntades beben.

Maestra   Las suyas temo que aprueben
de tal manera las monjas
que, aunque me pese, la elijan
por abadesa después;
mira si es bien que me rijan
mis pesares.

Evangelista   No les des
ese nombre, ni te aflijan,
que es muy moza para eso.

Maestra   Donde hay santidad y seso
hay vejez.

Evangelista   Dices verdad.

Maestra   Luego no le falta edad,
aunque es moza.

Evangelista   Lo confieso;
mas mira que viene aquí.

Maestra   Mis malas entrañas culpo.

Evangelista	Que era la envidia leí
	de la condición del pulpo,
	que se está royendo a sí.

(Sale la Santa con un barreñón de barro.)

Santa	Ya ha dos años, mi Dios, que entré contenta
	en vuestro real palacio por crïada;
	libros tenéis de cuenta en que la entrada
	del que os viene a servir, Señor, se asienta.
	Camino es esta vida, el mundo venta;
	en ella es bien que quede averiguada
	la nuestra, porque al fin de la jornada
	sepáis que soy mujer de buena cuenta.
	Despúes que vuestro pan, mi Cristo, como,
	os sirvo en la cocina, y no me ciega
	la bajeza y desprecio de este trato,
	Porque dice Francisco, el mayordomo,
	que quien en vuestra casa platos friega
	con Vos se asienta y come en vuestro plato.

Maestra	¡Ay, soror Evangelista!
	Todo aquello es santo y bueno,
	pero para mí es veneno
	que entra al alma por la vista.

| Evangelista | Para mí es gloria. |

(Cae la Santa y quiebra el barreñón.)

Santa	¡Ay mi Dios!
	Caí, y háseme quebrado,
	el barreñón... ¡Ah tiznado...!

¿Mas que andáis por aquí vos?

Evangelista   La orza quebró.

Maestra   Quisiera
que el corazón se quebrara,
porque quieta me dejara.

Evangelista   Madre, no diga eso.

Maestra   Espera,
verás lo que hace.

Santa   Pues bien,
¿ha de alabarse el tiñoso
que ha salido victorioso
de Juana? Eso no, mi bien.
     ¿Queréis que el convento entienda
lo para poco que soy,
y digan que en él estoy
para quebrarles su hacienda?

(Junta los pedazos e híncase de rodillas.)

     No, mi Dios, que es el convento
muy pobre. Esposo querido,
aunque lo que agora os pido
declare mi atrevimiento;
     a fe que me habéis de dar
mi rota vasija entera.
Aquí vuestra esposa espera.
No me veréis levantar
     de la oración que os consagro
hasta que os venza su instancia;

119

que, aunque es de poca importancia,
y es bien que cualquier milagro
   por grande ocasión se haga,
en cosas pocas, Señor,
se muestra más el amor,
porque de todo se paga.
   San Benito, ¿no pidió
a vuestro amor excesivo
le sanásedes un cribo
que a su amo romper vio?
   Yo, pues, también hago alarde
de vuestra piedad divina;
acabad, que la cocina
me aguarda, mi Dios, y es tarde.

(Sale un barreño nuevo en lugar del quebrado.)

Evangelista   ¿Has visto tal maravilla?
                     Di, madre, ¿qué te parece?
                     Así el cielo favorece
                     a quien le sirve y se humilla.

Maestra   Espántame lo que he visto.

Evangelista   Juana de la Cruz es santa.
                     .... [-anta.]

Santa   ¡Lindo amante hacéis mi Cristo!
                        Una cosa os he de dar
                     por merced tan soberana
                     que yo me sé.

Maestra   Soror Juana,
                     ¿dónde va?

Santa	Madre, a fregar.

Maestra	¿No quebró ese barreñón?
	Pues ¿cómo está entero y sano?

Santa	Lo que echó a perder mi mano
	sanó Dios en la oración,
	que hace milagros por ella
	al paso de la esperanza.

Maestra	Pues ¿qué tanto, hermana, alcanza
	con Dios? Diga ¿quién es ella
	para que a su intercesión
	se haga cosa importante?
	Vanagloriosa, arrogante,
	ya sé que estas cosas son
	hechicerías; ya sé
	quién es; álcese; ¿qué llora?

(Híncase la Santa en tierra llorando.)

Santa	Soy la herencia pecadora;
	no se espante si pequé.
	Deme los pies y perdone.

Maestra	¿Los pies la había yo de dar?

Santa	Besaré, pues, el lugar
	y tierra donde los pone.

(Besa la tierra.)

Evangelista	¡Qué humildad tan soberana!

Maestra	¡Ay, soror Evangelista!
	No hay quien mi envidia resista.
	Vamos.

(Vanse. Quédase la Santa postrada en tierra.)

Santa	¿Qué es aquesto, Juana?
	¿Qué arrogancia es ésta vuestra?
	¿Qué altivez y frenesí?
	Mas diréis que no es ansí.
	Pues lo dice la Maestra,
	verdad es; yo os sacaré
	la soberbia e hinchazón,
	cuerpo vil y fanfarrón,
	a azotes. Así os tendré
	postrado en este lugar
	hasta que la Madre os vea
	y que sois humilde crea
	dándoos los pies a besar;
	que no es en vos ahora nuevo
	esto de la gloria vana.
	Mas yo os castigaré.

(Levantándola el Ángel de la guarda.)

Ángel	Juana.

Santa	¡Ay Dios, qué hermoso mancebo

Ángel	El Ángel soy de tu guarda
	que he venido a consolarte.
	Yo propio he de levantarte.

122

Santa

El temor que me acobarda
 viendo tan grande beldad,
Ángel, no me deja hablaros,
porque vuestros rayos claros,
esa hermosa majestad
 me ciegan; que de los pajes
sois vos del Rey, mi señor,
que con tanto resplandor
viste a quien tira sus gajes.
 Dichoso el que asiste allá
libre de esta confusión;
si tales los pajes son,
¿qué tal el Señor será?
 ¿Hay más extraña belleza?
Pues la humana cortesía
llama al señor señoría,
y al príncipe y rey alteza.
 Desde hoy mi lengua procura,
ayo mío venturoso
pues sois tan bello y hermoso,
llamaros Vuestra Hermosura.
 Este título he de daros,
mas no os habéis de partir,
que ya no podré vivir,
Ángel mío, sin miraros.

Ángel

Dios quiere que hables conmigo
siempre que hablarme quisieres
dondequiera que estuvieres,
y como a hermano y amigo
 me veas y comuniques.

Santa

¡Gran favor! Ya mi paciencia
llevará mejor la ausencia

de mi Dios, cuando me expliques
su celestial señorío,
porque mis penas reporte
la grandeza de su corte
y su amor, custodio mío.
  ¡Qué gloria que he de tener!
¡Qué contenta que he de estar!
¡Qué de ello os he de tratar!
Porque no hay gloria y placer
  para un alma que se abrasa
en la ausencia de su amante,
como hablar de él cada instante
con la gente de su casa.

Ángel   Ésta en que estás te encomienda
nuestra reina soberana;
tú la has de gobernar, Juana,
tu protección la defienda;
  que después que la pastora
Inés se dejó vencer
del mundo, como mujer,
la reina, nuestra señora,
  a su hijo soberano
pidió que al mundo envïase
quien su casa gobernase;
y su poderosa mano
  te crió para este fin,
conforme a su madre dijo
Cristo tu esposo y su hijo.
Aquí has de hacer un jardín
  de plantas, cuya hermosura
la del cielo ha de adornar;
aquí tienes de plantar
el voto de la clausura,

que por no guardarle Inés
ni sus monjas se perdieron,
aunque penitencia hicieron
y se salvaron después.
   Hoy te harán, Juana, tornera.

Santa   Ángel santo: no hay en mí
                  bastantes fuerzas.

Ángel   Así
                  lo quiere Dios. De Él espera
                   ayuda y fuerza segura.

Santa   A servirle me provoco,
                  que todo se me hace poco
                  yendo con Vuestra Hermosura.

(Vanse. Salen Gil llorando y Llorente.)

Llorente   ¿Un hombre tien de llorar
                  aunque le den más enojos?

Gil   ¿No tienen los hombres ojos?

Llorente   Sí, solo para mirar;
                    no para que al llanto acudan,
                  porque no es hombre el que llora.

Gil   No lloran los míos agora,
                  Llorente.

Llorente   Pues ¿qué hacen?

Gil   Sudan.

Cuando mi Elvira murió,
que Dios haya, no lloré,
aunque, como veis, la amé,
porque con ella expiró
    el recelo que hace guerra
al que una mujer percura
guardar; que no está segura
si no es debajo la tierra.
    Pero en tan triste ocasión,
no os espante que me aflija
de ver cuál está mi hija.

Llorente   ¿Por un mal de corazón
                habéis de llorar así?

Gil   Mal de corazón ¿es barro?
              Si fuera tos o catarro
              no hubiera tristeza en mí;
                  pero mal de corazón,
              ¿á quién no lastimará?

Llorente   Si habla siempre que la da
              más latines que un sermón,
                  no es el dolor muy roín.

Gil   Llorente, aqueso me espanta.

Llorente   Es vuesa hija estodianta
              y habla vascuence y latín,
                  ¿y lloráis? Yo, por ventura
              y no pequeña, tuviera
              que mi hija latín supiera
              y la viera después cura.

Gil	Afirma el beneficiado que tien espíritos.
Llorente	¿Cómo?
Gil	Yo por eso pesar tomo.
Llorente	Pues ¿por dónde habrán entrado? ¿Por la boca o por la zaga?
Gil	¿No tien hartos agujeros una mujer?
Llorente	¡Oh, fulleros! ¡Oste puto! ¡Zorriaga en ellos!
Gil	¿No habrá un remedio?
Llorente	Echadla una melecina de miel y de trementina hirviendo de medio a medio, y por no verse quemados por la boca se saldrán.
Gil	Si en el infierno los dan huego con los condenados, y comen como avestruces brasas, ¿cómo han de temer ell agua?
Llorente	Hacedla comer media docena de cruces con su calvario, y veréis

cómo se salen huyendo
de la cruz.

Gil
                      Sanarla entiendo
presto. Ya os acordaréis
    de Juana, nuesa madrina.

Llorente
¿La que es monja?

Gil
                            La que espanta.

Llorente
Todos la llaman la santa.

Gil
Es una mujer divina.
    Desque su padre murió,
que habrá un año, no la vi;
yo sé que en viéndome ansí,
pues por su causa me dio
    Dios la hija que ya lloro,
que ella me la vuelva sana.

Llorente
Queríala mucho Juana,
y es la niña como un oro.
    No ha sido el remedio malo.
Gil, yo os quiero acompañar.

Gil
Venid, que la he de llevar
de miel y leche un regalo.

Llorente
    ¿Que así el diablo se zampuza
en un cuerpo? Desde hoy quiero
taparle el lugar zaguero
con el sayo y caperuza.

(Vanse. Sale la Santa con las llaves de portera.)

Santa   Aunque del coro me aparta
el torno y la portería,
bien puede hallarse María
entre los brazos de Marta.
El alma contemple y parta
al cielo, pues con Dios priva,
y el cuerpo, que es Marta activa,
trabaje, que no hay lugar
donde a Dios no pueda hallar
la vida contemplativa.
    Yo me acuerdo, Jesús mío,
que, a falta de otro lugar,
mi iglesia era un palomar
cuando estaba con mi tío.
Lo demás es desvarío
de perezosos ingratos,
que los más sabrosos ratos
donde el sentido se arroba
es entre la humilde escoba,
las rodillas y los platos.
    No hay lugar que me reporte
a no buscaros, Señor,
porque es piedra imán amor
y siempre mira a su norte.
¿No dicen que está la corte
donde está el rey? De ese modo
a buscaros me acomodo
en cualquier parte, mi Dios,
que todo es corte con vos
pues sois rey y estáis en todo.

(Ha de haber un torno.)

Tornera soy; ahora bien;
entreteneos, alma mía,
pensad que esta portería
es el portal de Belén.
Aquí pastores estén,
aquí el buey, aquí el jumento.
¡Oh qué lindo nacimiento!
Razón es que se celebre.
El torno será el pesebre,
las mantillas mi contento.
  Aquí la virgen está.
¡Ay soberana señora!
Mirad que mi Niño llora.
Por mis pecados será;
mas José le acallará,
que como le está sujeto
Cristo, le tendrá respeto;
mas Juana, acállale tú.

(Canta y mece el torno.)

«¡A la mú, Niño, a la mú!
¡Qué bello que es y perfeto!»
  No lloréis, yo os haré fiesta,
Niño de infinito nombre.
¿Quién os hizo mal? El hombre.
¡Oh bellaco! ¡Para ésta!
¡Qué cara, mi Cristo, os cuesta
su golosina liviana!
  Dalde al Niño la manzana
que tan mal provecho os hizo,
que para Dios fue de hechizo,
aunque la comistes sana.

Ea, no haya más, Manuel,
mi Pontífice, mi luz,
juradle al hombre la cruz,
que en cruz moriréis por él.
Mi azucena, mi clavel,
en vos contempla el sentido
a vuestro amor reducido.
Más grande mi dicha fuera
si en el torno ahora os viera
de veras recién nacido.

(Vuélvese el torno, y estará en él un Niño Jesús desnudo entre heno y copos de nieve.)

Pero mi buena fortuna
lo que deseaba ha visto.
Mi Niño, mi Dios, mi Cristo,
Sol de la virgen, que es Luna,
¿del torno habéis hecho cuna?
Daros mil abrazos quiero,
Pastor, Rey, León, Cordero.
Buena ha estado la invención;
mas finezas de amor son,
que siempre fue invencionero.
(Desaparécese.)   ¡Qué contenta me dejáis!
¡Qué de favores me hacéis!
¡Qué de ello que me queréis!
¡Qué de ello que lo mostráis!
Acá os tengo, aunque os me vais;
mas ¿qué es esto? La campana
(Tocan una campana.) toca a alzar. Pues, ¿cómo, Juana,
es bien que el ver vuestra vida
en el altar os lo impida
esta pared inhumana?

¡Ay quién pudiera partilla
por ver alzar! ¡Ah, mi Dios!
Todo es fácil para vos.

(Rásgase la pared, y detrás está un cáliz con un Niño Jesús.)

¡Ay Jesús, qué maravilla!
Ensalzáis a quien se humilla.
¡Dichosa la enamorada,
mi Dios, que os sirve y agrada!
Ya se juntó la pared,
y en fe de tanta merced
quedará siempre quebrada
   una piedra. Esposo casto,
mucho con vos medro y privo;
mas —¡ay!— que es mucho el recibo,
y poco o ninguno el gasto.
Mucho me dais, y no basto
a pagar aun las migajas
de tan divinas ventajas;
pero, perdonad, Señor,
si, como el mal pagador
después os pagase en pajas.

(Vase. Salen la Abadesa y la Maestra.)

Abadesa   Esto al servicio del Señor conviene.
El padre provincial ha ya venido;
noticia de la hermana Juana tiene.
Por Prelada el convento la ha pedido.
Yo acabo ya mi oficio, pues que viene
nuestro Padre a visita, y persuadido
está de la virtud que en ella mora;
sin duda que la hará mi sucesora.

Maestra	¿A una mujer que no tiene experiencia, canas, ni autoridad? No trate de eso que se me acaba, Madre, la paciencia.
Abadesa	¿Qué importan canas donde sobra el seso? La edad que más importa es la prudencia. Ella tiene, autoridad y peso.
Maestra	Yo lo pretendo, y se me hace agravio.
Abadesa	El padre provincial es cuerdo y sabio. Él mirará la que es más conveniente para regirnos.
Maestra	¡Qué una hipocresía se me anteponga así! ¿Qué esto consiente el cielo? ¡Oh rabiosa envidia mía!

(Sale la Santa.)

Santa	Madre, al torno ha llamado alguna gente y entrar a hablarla dice que querría; que, como no hay clausura en el convento, siempre quieren entrar.
Maestra (Aparte.)	¿Hay tal tormento? (Presente está quien mientras tenga vida será mi muerte.)
Abadesa (Aparte.)	(Su humildad me espanta.) Entren, hermana.
Santa	Voy.

133

(Vase.)

Maestra (Aparte.)   (¡Que ésta me impida
ser Abadesa! ¿Hay desventura tanta?)
Madre, ¿no echa de ver cómo es fingida
toda aquella virtud?

Abadesa   Juana es gran santa.
Si lo contrario ven sus ciegos ojos,
es porque son de envidia los antojos.

(Salen la Santa, Gil, Llorente y otros labradores.)

Gil   Señora Juana, Gil soy. ¿No se acuerda
de Gil y Elvira, de quien fue madrina?

Maestra   Voyme de aquí que temo no me pierda
la envidia que me abrasa y desatina.

Santa   Nuestra prelada es ésta, sabia y cuerda;
sin su licencia no soy de hablar digna.

Gil   Pues ¿cuál es la emperrada?

Llorente   Aquella vieja.

Santa   La abadesa es aquésta.

Gil   ¿La abadeja?
Señora, aquí venimos a rogarla
que nos haga merced de dar licencia
a Juana para verla y para hablarla.

Abadesa	¿Hablarla? Como sea en mi presencia.
Llorente	Pues claro está; que no hemos de llevarla a Francia.
Gil	¿Como está su rabanencia?
Santa	Mejor que yo merezco, Gil amigo.
Gil	Muy franca está, por Dios, también lo digo.
Santa	¡Jesús! No jure, hermano.
Gil	Éste es mal uso. ¿Cómo no me pregunta por Marica, mi hija?
Santa	¿Cómo está?
Gil	Vengo confuso. La más salada estaba y más bonica de toda Hazaña; pero ya rehúso el verla nadie, porque tien la chica espiritos, según dice nueso cura que la da con la estola y la conjura. Así la guarde Dios que mos los quite pues que sus oraciones oye, Juana.
Santa	¿Yo, hermano? ¿aqueso dice?
Gil	Si permite mi Marica vuelva a casa sana os diabros se van al alcrebite donde Pero Botero los batana

en su caldero, quedaré contento.
Aquí la tengo fuera del convento.

Santa   ¿Quién soy yo para hacer cosa tan grande?

Llorente   Ella puede sacarlos, no hay excusa.

Santa   Soy una grande pecadora.

Gil   Ande;
que pues llegar aquí Marica rehusa,
los espiritos la temen.

Llorente   Madre, mande
que mos haga este bien.

Santa   Estoy confusa.

Abadesa   En virtud se lo mando de obediencia.

Santa   Traigan luego la niña a mi presencia.

(Sacan dos o tres a una Niña, como por fuerza.)

Niña   No me lleven allá que pondré fuego
a todas las esquinas de esta casa.
Juanilla de la Cruz, estando ausente,
las ánimas me saca de las uñas
y me atormenta más que mil infiernos;
pues ¿qué haré en su presencia?

Labrador I   ¡Verá el diabro,
que de ello que forceja y refunfuña!
¡Que no os ha de valer, sucio avechucho!

136

Niña	Dejadme, gente vil, que el tiempo pierde quien me intenta mover.
Labrador II	¡Ay, que me muerde!
Labrador I	Medio brazo me lleva de un bocado. ¿Qué también come el diabro carne, Crespo?
Labrador II	Come huevos y leche y no tien bula, ¿y de eso os espantáis?
Labrador I	¡Huego en su gula!
Niña	¿A qué te allegas tú, di, amancebado con la mujer del herrador? Anoche bien sé yo dónde estabas escondido cuando vino de Illescas el marido.
Labrador II	¿Quién diabros se lo dijo?
Llorente	Si es el diabro, ¿quién se lo ha de decir?
Labrador II	Yo os juro a cribas que yo os mire si estáis bajo la cama acechando otra vez. ¡Oh marrullero! ¿Así me echáis las faltas en la calle?
Labrador I	¿Adónde os apartáis? Llega y tiralle.
Niña	¿Qué ha de llegar, bodegonero triste; que en Illescas a un fraile diste un día grajos salpimentados y cocidos

a real y medio el par, diciendo que eran
palominos?

Labrador I   ¿Las trampas del bodego
comenzáis a decir? Pues no me llego.

Santa   Dejadla, que yo haré con el ayuda
de mi Esposo Jesús que no os deshonre.
¡Ah tiñoso! ¿Aquí estáis?

Niña   Déjame, déjame.

(Échale la Santa al cuello el cordón.)

Santa   La cuerda de mi padre San Francisco
os hará sosegar.

Niña   ¡Ay, que me quema!
Juanilla de la Cruz, quítale presto.

Gil   Agora no hablaréis, diabro molesto.

Santa   ¡Sal, maldito, de aquí!

Niña   Ni tú ni el cielo
no me podrán echar, que ésta es mi casa.

Santa   Podrálo mi Jesús.

Niña   Eso me abrasa.

Santa   ¡Sal presto!

Niña   Noto exire, vil Juanilla,

138

in domo mea maneo; haec est mea domus
sine me.

Gil   ¡Aho, Llorente! ¿Los dimoños
van cuando son mochachos al estudio?

Llorente   Sí, que también hay diablos estodiantes.

Santa   Sal, padre de mentiras.

Niña   ¿Potestatem
habes ut me ejieias? Accipe higam.
(Dale una higa.)   ¡Idiota! ¿no me entiendes?

Santa   Don de lenguas
me ha dado a mí el señor.

Niña   Mi poder menguas.

Santa   ¡Vete al infierno luego!

Niña   Non che vollo.

Gil   De noche bollos dice que la demos
y saldrá.

Llorente   Buen espacio nos tenemos.

Gil   Bollos y tortas le daré.

Niña   Patrona,
sentite una parola, per mea vita,
mi che volo parlar Chichiliano.

139

Gil	No debe ser cristiano este demonio.
Llorente	¡Cristiano había de ser! ¿Hay diabro alguno cristiano?
Gil	Pues ¿no hay diablos bautizados?
Llorente	Así los llaman.
Niña	Mi seño lo diabolo de Palermo.
Santa	Yo soy Juana, que ruega a su Esposo divino que permita librar el cuerpo de esta sierva suya. El cordón de Francisco ha de acabarlo. ¡Sal fuera!
Niña	¡Ay, que me abrasas, que me quemas! Yo saldré, mas ¡para ésta, vil Juanilla, que te acuerdes de mí!
Abadesa	¡Gran maravilla!

(Cae la Niña en tierra desmayada.)

Santa	Llevalda, que ya el ángel condenado dejó a la niña libre. Gil, llevadla donde descanse y del desmayo vuelva. Haced después que sea gran cristiana.

(Llévanla.)

Gil	Dios se lo pague, amén, hermana Juana.

140

(Sale sor María Evangelista.)

Evangelista   El padre provincial, Madre, ha venido.

Abadesa   Hermana Juana, vamos. Espantada
voy de tanta virtud. Yo haré de suerte
que nuestra casa y religiosas rija.

Evangelista   ¡Oh, quiera Dios que el provincial la elija!

(Vanse. Salen el emperador Carlos V, don Alonso de Fonseca, arzobispo de Toledo, y Francisco Loarte.)

Carlos   Paso a Sevilla a la posta
y ser vuestro huésped quise.

Francisco   De que los umbrales pise
hoy de esta su casa angosta,
    vuestra majestad, se precia
de suerte, que la comparo
a los palacios que Paro
labró a Constantino en Grecia.
    En ella otra Menfis pinto,
pues ensalzan sus paredes
las imperiales mercedes
que hoy la hace Carlos V.

Carlos   Basta, Francisco Loarte,
que ya he visto vuestro amor.

Francisco   Si es propio de ti, señor,
ennoblecer cualquier parte,
    no es mucho que hoy me ennoblezcas,

141

	pues tan adelante pasa
	mi ventura.
Carlos	Es vuestra casa
	de las mejores de Illescas,
	y vos un vasallo leal;
	memoria tengo de vos.
Francisco	Prospere tu vida Dios.
Carlos	Flaco estáis.
Francisco	No lo fue el mal
	que me ha tenido a la muerte.
Carlos	Pues ¿de qué fue?
Francisco	De desvelos;
	si de Dios puede haber celos,
	de él los tuve.
Carlos	¿De qué suerte?
Francisco	El día que pretendí
	desposarme, se metió
	monja mi esposa, y dejó
	burlado mi amor. Sentí,
	señor, de modo el perdella,
	que ha ya cerca de tres años
	que lloro estos desengaños.
Carlos	¿Era hermosa?
Francisco	Era muy bella;

                    pero a su belleza gana
                    su virtud, porque es de modo,
                    señor, que este reino todo
                    la llama la santa Juana.

Fonseca   ¿Ésa es Juana de la Cruz;
                    su patria, Hazaña?

Francisco   La propia.

Fonseca   Son sus milagros sin copia.
                    Ya me han dado de ella luz.
                      Dos leguas está de aquí.
                    ¿Quiere vuestra majestad
                    ver en una tierna edad
                    celestiales cosas?

Carlos   Sí.
                      Noticia tengo, aunque poca,
                    de ella.

Fonseca   Lo que es más notable
                    es que el espíritu hable
                    de Dios por su misma boca.
                      Tiene don de profecía
                    y de lenguas; cuentan cosas,
                    aunque ciertas, prodigiosas.
                    Habla griego, algarabía,
                      y latín, de la manera
                    que si se hubiera crïado
                    en cada tierra.

Carlos   Espantado
                    estoy. Ya verla quisiera.

Partamos luego.

Fonseca   Ya están
prevenidas postas.

Carlos   Ea,
venid.

Fonseca   Poco se rodea.

Carlos   Llamen al gran capitán.

(Vanse. Salen la Maestra y sor Evangelista.)

Maestra   La envidia el alma me abrasa.

Evangelista   Ya es sobra de pasión esa.

Maestra   ¿Juana, de casa abadesa?
¿Juana, prelada de casa,
    y mis partes, mi gobierno,
mi pretensión despreciada?
¿Juana, de la Cruz prelada?
¡Ay, cielos! En un infierno
    estoy de envidia.

Evangelista   No tome,
madre, tan grande pasión.

Maestra   Las telas del corazón
alguna sierpe me come.
    Ésta es hechicera; en ella
hay, sin duda, algún encanto.
¿Por qué el Espíritu Santo

había de hablar por ella?
¡Cómo finge! Es disparate;
yo sé que está endemoniada
cuando se queda arrobada
cada punto.

Evangelista   ¡Que la trate
ansí! ¡Que eso diga!

Maestra   Pues,
¿no es el demonio quien habla
tantas lenguas con que entabla
sus pretensiones? ¿No ves
el bastante testimonio
que a todas os causa espanto?
No es el Espíritu Santo
quien habla sino el demonio.

Evangelista   Disparate es escucharla.

(Vase.)

Maestra   ¿Qué aguardo que no me vengo?
Por el hábito que tengo
que un lazo tengo de armarla
con que, al paso que ha subido,
caiga, siendo menosprecio
del mundo. ¡Ay, intento necio
para el mal siempre atrevido!
¿Quién a despeñarme viene?
La envidia, ¿qué bien causó?
Mas como me vengue yo
no importa que me condene.

(Vase. Salen la Santa y el Ángel de la guarda.)

Santa   Ángel santo, ¿yo prelada?
¿Yo de la Cruz abadesa?
¿Cómo ha de poder llevar
tan gran carga mi flaqueza?
Suplico a Vuestra Hermosura,
pues asiste en la presencia
de Dios, que alcance me quite
la Cruz, que me oprime a cuestas.
¿Yo cuenta de tantas almas
no pudiendo tener cuentas
con la mía?

(Llora.)

Ángel   ¿Por qué lloras?
Juana, ¿es ésa tu obediencia?
¿Es bien que la voluntad
de Dios resistas, que ordena
que gobiernes esta casa?
¿No te crïó para ella?
¿No puedo ayudarte yo?
¿Conmigo ese temor muestras?
¿Es eso lo que me estimas?

Santa   No haya más, Ángel, no sea
lo que quiero; su Hermosura
me anima, conforta, alegra
y me quita mis pesares.
Bien es que a Dios obedezca.
Su esposa soy, este anillo
me dio con su mano mesma,
y los desposados suelen

llevar el trabajo a medias.
Pero, decid, Ángel mío,
¿cómo nunca me dais cuenta
de vuestro nombre admirable?
Razón será que le sepa,
pues que somos tan amigos.
Decidlo, que en la perfeta
amistad, nunca ha de haber
cosa oculta ni encubierta.

Ángel   San Laurel Aureo es mi nombre.
Hízome la mano eterna
de Dios de sus más privados.
Dióme gracias tan inmensas,
que el Ángel del Privilegio
me llaman, y en verme tiemblan
las infernales moradas
que a mi nombre están sujetas.
Yo fui el ángel de la guarda
de David, rey y profeta,
de San Jorge y San Gregorio,
coluna de nuestra Iglesia.
Mira lo que a Dios le debes,
pues tu guarda me encomienda
y a tales santos te iguala.
Y en tu misma boca y lengua
habla el Espíritu Santo,
y hablará lenguas diversas
por trece años, predicando
su ley divina y excelsa.
Su predicadora te hace.

Santa   ¡Ay de mí! ¿Qué he de dar cuenta
de tantas prerrogativas?

147

	Quiera el cielo no me pierda siendo ingrata a tanto amor.
Ángel	No harás, porque la clemencia de tu Esposo y nuestro Rey te amó antes que nacieras. Tus súbditas vienen, Juana.
Santa	Pues ¿cómo sola me deja Vuestra Hermosura?
Ángel	No son dignas que cual tú me vean. Siempre estoy, Juana, a tu lado.

(Vase. Sale la que era Abadesa, sor Evangelista y otras dos monjas.)

Abadesa	Carísima madre nuestra, ¡qué alegre está vuestra casa con prelada tan perfeta!
Santa	¡Ay madre! en las entrañas os tengo a todas impresas. Gloria a Dios que la clausura ya nuestra casa profesa. Ya no hay salir del convento que, aunque es tal nuestra pobreza, Dios nos la remediará. Dejadlo a su providencia.
Evangelista	Madre, una cosa venimos a suplicarla, no sea en vano nuestra esperanza por ser la cosa primera

que sus hijas caras piden.

Santa   Daros el alma quisiera
                 donde os tengo a todas juntas.
                 Pedid, pedid, norabuena.

Abadesa   Las almas del purgatorio,
                 después, madre, que por ella
                 somos tan devotas suyas,
                 nos causan pena sus penas.
                 Pues nada la niega el cielo
                 de cuanto le pide y ruega,
                 pida a Cristo nos bendiga
                 nuestros rosarios y cuentas,
                 y que con su mano propia
                 las toque y después conceda
                 por su amor e intercesión
                 perdones y indulgencias.

Todas   Madre, no diga que no.

Santa   La intención, hijas, es buena;
                 yo lo comunicaré
                 con mi Ángel.

Evangelista   Ya se alegran
                 nuestros corazones todos.

Santa   ¿Adónde está la maestra?

Abadesa   En el coro estaba agora.

Santa   Dios, madre, las dé paciencia.
                 Yo quiero dar bien por mal;

vicaria quiero que sea
del convento.

Evangelista (Aparte.)   (¡Qué virtud!)

Abadesa   ¿A quien su muerte desea
da el gobierno de su casa?

Santa   Váyanse, pues, y no pierdan
el tiempo; váyanse al coro.

Abadesa (Aparte.)   (Quien el dulce rato emplea
en la conversación santa
y doctrina de su lengua
no le pierde.)

Santa   Miren que hoy
he comulgado, y me inquietan.

Evangelista (Aparte.)   (Este ratico no más
habemos de estar con ella.)

Santa   ¿Qué he de hacer Esposo santo?
Veros quiero y no me dejan.

(Dentro.)

Voz   Pues yo te llevaré adonde
no te inquieten, cara prenda.

(Volando desaparece la Santa.)

Evangelista   ¡Que se nos fue nuestra madre!

Abadesa	Juana santa, madre nuestra, ¿por qué nos dejáis así? Vamos las dos a la iglesia y pidamos a su Esposo que a nuestra madre nos vuelva.
Evangelista	¡Soberana maravilla!
Abadesa	¡Gran milagro!
Evangelista	¡Cosa nueva!
Abadesa	¡Dichoso el convento y casa que tiene tal abadesa!

(Salen la Santa y el Ángel de la guarda con un legajo de papeles, y váselos dando.)

Ángel	Las almas del purgatorio
	te dan esas peticiones,
	porque con tus oraciones
	su refrigerio es notorio.
	  Sus penas tu Esposo aplaca
	por ti, y a tal favor llegas,
	que a los por quien tú le ruegas,
	de entre sus llamas las saca.
	  Ésta es de una que ha veinte años
	que está en su fuego mortal
	por un pecado venial,
	que uno solo hace estos daños.
	  Ésta es de un grande de España
	que pide alivio y consuelo
	porque eres grande del cielo.
	Ésta es de un hombre de Hazaña

y alega que es tu pariente.
En fin, todas han ya visto
que si es rey tu esposo Cristo,
eres tú su presidente.

Santa   Pues dice Vuestra Hermosura
que por ruegos de su sierva
de las penas les preserva
que el oro de su fe apura,
   a mi Esposo rogaré
por ellas.

Ángel   Cúmplelo así.

Santa   Ningún mérito hay en mí;
pero de mi Cristo sé
   que es amigo que le rueguen
por modos extraordinarios,
Ángel. Y de los rosarios,
¿qué me respondéis?

Ángel   Que lleguen
   cuantos tus monjas hallasen,
que hoy los tengo de llevar
al cielo, donde ha de dar
perdones con que se amparen
   Cristo, Juana, los mortales,
e inmensas prerrogativas,
que es de suerte lo que privas,
y tus virtudes son tales,
   que tu Esposo soberano
cuanto pidas quiere hacer;
Él los tiene de tener
y bendecir con su mano.

152

Santa	¡Oh, qué alegres han de estar mis monjas con tal ventura! ¿Dónde va Vuestra Hermosura?
Ángel	Ya te vienen a buscar, y no quiero que me vean del modo que tú me ves.

(Vase. Sale la que era Abadesa y sor Evangelista.)

Abadesa	Aquí está. Dadme los pies, que ver mis ojos desean.
Evangelista	¿Así os vais y nos dejáis, madre?

Santa	Día de comunión,
	no ha de haber conversación.
	Hijas, lo que deseáis
	  el cielo nos lo ha cumplido.
	Mi Esposo bendecir quiere
	cuantos rosarios le diere,
	mi Ángel ha intervenido.
	  Buscad muchos y vení
	entretanto que yo ruego
	a su Hermosura que luego
	los lleve.

Evangelista	¿Esta tarde?
Santa	Sí.
Abadesa	¿Hay tal ventura? No quede

153

en todo Cubas rosario
que no venga.

Santa   Extraordinario
favor mi Cristo os concede.
¡Venturoso el desposorio
donde me ha llegado a dar
Dios tanto! Voy a rogar
por las que en el Purgatorio,
  siendo mejores que yo,
de mi intercesión se valen.

(Vase.)

Abadesa   ¿Qué mercedes hay que igualen
a las que el cielo nos dio?

(Sale la Maestra.)

Maestra   Madre, el emperador
y arzobispo de Toledo
(Aparte.)   están en casa. (No puedo
hablar de envidia y dolor.)
  A ver la abadesa vienen.

Abadesa   ¡Válgame Dios! ¿Aquí están?

Maestra   También el gran capitán.

Evangelista   Si el tiempo nos entretienen
  y la ocasión se nos pasa
del bien que nos hace el cielo
con los rosarios, recelo
no se pierda.

154

Abadesa	Si está en casa el césar, haga traer los rosarios del lugar, que yo iré luego a juntar las monjas para irle a ver y recibir entretanto al emperador.
Evangelista	Bien dice.

(Vase.)

Maestra (Aparte.)	(¡Que hasta el césar autorice a Juana! ¿Esto no es encanto?)
Abadesa	Avisen a la tornera que abra la portería.
Maestra	Miente quien niega y porfía que Juana no es hechicera.

(Vanse. Salen el Emperador, don Alonso de Fonseca, el arzobispo, y el Gran Capitán.)

Fonseca	Éste es, señor, el convento donde está la santa.
Carlos	Aquí hoy, don Alonso, adquirí gustos que en el alma siento. Gonzalo Fernández, vos veréis de Dios el poder en una humilde mujer.

Capitán	Todo lo puede hacer Dios.
Carlos	Arzobispo, ¿han avisado que venimos?
Fonseca	Sí, señor.

(Salen la Abadesa, la Maestra, Evangelista y otras.)

Evangelista	Aquí está el Emperador.

(Vase.)

Abadesa	Mil veces sea bien llegado vuestra majestad a honrar esta casa, que ennoblece con su vista.

(Todas de rodillas.)

Carlos	Bien parece, hasta en el modo de hablar, la virtud que aquí se encierra y que es de Dios este celo. Levantaos, Madres, del suelo.
Abadesa	Señor.
Carlos	Alzaos de la tierra.
Abadesa	Dénos, pues, la santa mano, primado grande de España, por quien más alegre baña

Tajo el muro toledano,
de quien sois prelado y padre.

Fonseca A la posta el césar viene
por el deseo que tiene
de ver hoy a vuestra madre.
 Haced cómo pueda vella
y avisadla.

Abadesa   Ya lo está;
mas, ¿cómo, señor, saldrá,
si está el espíritu en ella
 de Dios, que su lengua toca,
dejándola transportada,
sin sentido y elevada?

Carlos Su devoción me provoca,
 y de esa suerte deseo
verla.

Abadesa   Bien, señor, podéis.

(Descubren una cortina, y a la Santa, de rodillas, arrobada.)

Fonseca ¡Qué de mercedes que hacéis,
Señor, al humilde!

Carlos   Hoy veo
la vanidad en que fundo
de mis reinos las grandezas.
¿Qué importan honras, riquezas,
la corona, el cetro, el mundo
 ni la púrpura imperial
que cause soberbia tanta,

si con Dios se nos levanta
un remendado sayal?
    Hincad todos en la tierra
las rodillas.

Capitán   No han podido
todos cuantos han querido
vencerme, haciéndome guerra,
    ni sus bélicos despojos
ablandarme el corazón,
y saca en esta ocasión
una mujer de mis ojos
    el agua, que nunca han visto.

Carlos   Éstas sí, gran capitán,
son hazañas.

Capitán   ¿Qué no harán,
señor, soldados de Cristo?

Santa   Hijo Carlos, por quien crece
en el mundo la ley santa
de mi iglesia, pues la aumentan
tus nunca vencidas armas,
oye atento lo que dice
el mismo Dios, que es quien habla
y rige agora la lengua
de Juana, mi esposa cara:
«Yo soy la tercer persona
de la Trinidad beata,
que en tres supuestos distintos
es un Dios y una substancia.
En pago del santo celo
con que nuestro nombre ensalzas,

hasta las Indias remotas,
que en cielo convierte a España,
te prometo de ayudarte
tanto, que jamás tu fama
borre el tiempo ni el olvido.
Vencerás en Alemania
los escuadrones soberbios
del sajón que te amenaza,
pervertido con la seta
de Lutero, cual él falsa.
Pondrán tus leyes su yugo
en la cerviz indomada
de Flandes, que te hace guerra
sin advertir que es tu patria;
tendrá a tu buena fortuna,
y no imitadas hazañas,
tal miedo el turco feroz
que, volviendo las espaldas
la otomana multitud,
pisarán después tus plantas
las lunas que enarboló
la potencia solimana.
Roma te abrirá sus puertas;
Milán, Nápoles y Francia
conocerán tus vitorias,
y las cercas africanas
de Túnez te llamarán,
a su pesar, su monarca,
dándole el rey que quisieres
y él a ti tributo y parias.
Y para que eches el sello
con la más heroica hazaña,
por la milicia divina,
dejando la que es mundana,

renunciarás en Filipo,
hijo de mi iglesia amada,
los reinos, púrpura y globo,
y en Yuste verá tu España
que las honras que ganaste
las pisas, porque son vanas,
pues si es mucho el adquirirlas
mucho más el despreciarlas.
A ti, Gonzalo Fernández,
gran capitán, que en Italia
dejaste en bronce esculpidos
los blasones de tus armas,
por tu católico celo
el nombre que a tu prosapia
dejas de Córdoba, haré
famoso, honrando tu casa.
El espíritu de Dios,
que por la boca de Juana
os habla, agora os bendice.»

(Échales la bendición y corren la cortina.)

Carlos   ¿Quién no se admira y espanta?
                ¡Dichosa casa mil veces,
                y yo dichoso otras tantas,
                que tal maravilla he visto!

Capitán   Derretida llevo el alma.

Carlos   Avisadme, tesorero,
                para que limosna haga
                a esta casa.

Fonseca   Yo la doy,

por ser su pobreza tanta,
el beneficio de Cubas.

Abadesa   Tu largueza nos ampara.

Capitán   Yo la doy quinientos mil
                 maravedís.

Abadesa   Esos bastan
                 para que un cuarto labremos.

Carlos   Vamos. ¡Ay, divina Juana!
                 Si a España las armas honran,
                 hónrelo también tal Santa.

(Vanse. Quédanse las monjas y sale sor Evangelista.)

Evangelista   ¡Madres, albricias! Ya ha vuelto
                 nuestra dichosa prelada
                 del éxtasis, y la he dado
                 cuentas, rosarios y sartas
                 en gran copia. Aquí las tiene
                 encerradas en esta arca,
(Saca una arquilla.) y dejándome la llave
                 está en su celda postrada
                 pidiendo a Dios las bendiga.

Abadesa   Todo cuanto quiere alcanza
                 de su Esposo.

Evangelista   Ésta es la hora
                 que ya el Ángel de su guarda
                 al cielo las ha subido.

Abadesa	Abramos agora el arca; veamos si están aquí las cuentas.

(Abren.)

Evangelista	Aquí no hay nada; pues nadie la arquilla ha abierto.
Abadesa	Penetróla quien las saca, que todo lo puede Dios y por él su esposa santa. Vamos a ver nuestra madre; hermana. Vuelva a cerrarla.
Maestra (Aparte.)	(¡Qué no me dejes, envidia!)
Abadesa	¿No viene, madre Vicaria?

(Vanse. Sale la Santa.)

Santa	Esposo de inmenso nombre, ¡qué importuna soy! ¿No os cansa lo que os pido? Pero no, que tenéis las manos largas. El ver benditas sus cuentas todas mis monjas aguardan. Hacedlas esta merced.

(Salen las monjas.)

Abadesa	Aquí está. Lleguen hermanas, y hablémosla. Mas ¿qué es esto?

(Todas de rodillas, suena música, ábrese una apariencia de la gloria. Cristo, sentado en un trono, el Ángel de rodillas dándole los rosarios y muchos ángeles alrededor.)

Ángel   Autor eterno de gracia,
estos rosarios suplica
vuestra esposa y tierna Juana
[bendigáis con vuestra mano.]

(Échalos Cristo la bendición.)

Abadesa   ¿No le ha visto echar, hermana,
a Cristo la bendición?

Evangelista   Miro maravillas tantas
que no sé si estoy despierta.

(Encúbrese la gloria y baja el Ángel.)

Abadesa   ¿No ve cómo el Ángel baja
y los rosarios la ofrece?

Santa   ¡Oh, cuánto debe mi alma,
Ángel, a Vuestra Hermosura!

Ángel   A estos rosarios, Juana,
ha concedido tu esposo
los privilegios y gracias
que tienen los Agnus Dei.
Quien rezare en ellos saca
de penas de purgatorio
cada día muchas almas,
y gana tantos perdones
como hay hojas, flores, plantas

163

media legua alrededor
de este monasterio y casa,
y las indulgencias propias
de Asís, famosa en Italia.
Saldrán los demonios luego
de los cuerpos con tocarlas.
Librarán de enfermedades
torbellinos y borrascas.
La misma virtud tendrán
las cuentas a estas tocadas.
Todo lo concede Cristo,
con tal que las que da el Papa
se estimen como es razón.
Ven, esposa soberana,
adonde tu esposo veas.

(Vuélvese un torno y desaparecen.)

Evangelista   ¡Llevósela transportada!

Abadesa   ¡Oh, milagrosa mujer!
Son tus maravillas tantas,
que no hay lengua que las cuente;
para alabarte éstas bastan.

(Sale uno que acaba la comedia.)

Uno   En la segunda comedia,
el autor, senado, os guarda
lo que falta de esta historia.
Suplid agora sus faltas.

Fin de la comedia

Libros a la carta

A la carta es un servicio especializado para
empresas,
librerías,
bibliotecas,
editoriales
y centros de enseñanza;
y permite confeccionar libros que, por su formato y concepción, sirven a los propósitos más específicos de estas instituciones.

Las empresas nos encargan ediciones personalizadas para marketing editorial o para regalos institucionales. Y los interesados solicitan, a título personal, ediciones antiguas, o no disponibles en el mercado; y las acompañan con notas y comentarios críticos.

Las ediciones tienen como apoyo un libro de estilo con todo tipo de referencias sobre los criterios de tratamiento tipográfico aplicados a nuestros libros que puede ser consultado en Linkgua-ediciones.com.

Linkgua edita por encargo diferentes versiones de una misma obra con distintos tratamientos ortotipográficos (actualizaciones de carácter divulgativo de un clásico, o versiones estrictamente fieles a la edición original de referencia). Este servicio de ediciones a la carta le permitirá, si usted se dedica a la enseñanza, tener una forma de hacer pública su interpretación de un texto y, sobre una versión digitalizada «base», usted podrá introducir interpretaciones del texto fuente. Es un tópico que los profesores denuncien en clase los desmanes de una edición, o vayan comentando errores de interpretación de un texto y esta es una solución útil a esa necesidad del mundo académico.

Asimismo publicamos de manera sistemática, en un mismo catálogo, tesis doctorales y actas de congresos académicos, que son distribuidas a través de nuestra Web.

El servicio de «libros a la carta» funciona de dos formas.

1. Tenemos un fondo de libros digitalizados que usted puede personalizar en tiradas de al menos cinco ejemplares. Estas personalizaciones pueden ser de todo tipo: añadir notas de clase para uso de un grupo de estudiantes, introducir logos corporativos para uso con fines de marketing empresarial, etc. etc.

2. Buscamos libros descatalogados de otras editoriales y los reeditamos en tiradas cortas a petición de un cliente.

www.ingramcontent.com/pod-product-compliance
Lightning Source LLC
Chambersburg PA
CBHW030507100426
42813CB00002B/370